NÜXING

JIANSHEN DUANLIAN

LILUN YU SHIJIAN

女性健身锻炼
理论与实践

赵志英 张志清 任娟丽 付梦娟 著

中央民族大学出版社
China Minzu University Press

图书在版编目（CIP）数据

女性健身锻炼理论与实践 / 赵志英等著 . —北京：中央民族大学出版社，2021.6（2023.1 重印）

ISBN 978-7-5660-1925-7

Ⅰ.①女… Ⅱ.①赵… Ⅲ.①女性—健身运动—基本知识 Ⅳ.① G883

中国版本图书馆 CIP 数据核字（2021）第 022573 号

女性健身锻炼理论与实践

著　　者	赵志英　张志清　任娟丽　付梦娟
责任编辑	赵秀琴　陈　琳
责任校对	赵　静
封面设计	舒刚卫
出版发行	中央民族大学出版社

北京市海淀区中关村南大街 27 号　　　邮编：100081

电话：（010）68472815（发行部）　　传真：（010）68933757（发行部）
　　　（010）68932218（总编室）　　　　　　（010）68932447（办公室）

经 销 者	全国各地新华书店
印 刷 厂	北京鑫宇图源印刷科技有限公司
开　　本	787×1092　1/16　印张：15
字　　数	184 千字
版　　次	2021 年 6 月第 1 版　2023 年 1 月第 2 次印刷
书　　号	ISBN 978-7-5660-1925-7
定　　价	68.00 元

目　录

理论篇

实 践 篇

附　录

理 | 论 | 篇

女性健身锻炼的意义与相关研究

第一节　女性健身锻炼的意义

一、社会、经济发展的必然要求

改革开放使我国经济高速发展，社会变革节奏加快，综合国力迅速提升，伴随而来的是广大人民群众的生产、生活等各方面都发生了巨大的变化。调查显示，自1994年以来，新经济、新技术、新业态、新模式的转变使以往人工重复性的劳动逐渐被机器取代，人们原有的工作性质发生了根本性改变。工作性质变了，现代化发展对工作的要求高了，使得工作节奏加快，工作压力增大，生活方式、生活习惯也随之发生了转变。人们普遍静的时间多了，动的时间少了，久坐不动成了生活的常态。根据中国健康与营养调查（CHNS）近30年对9省的监测结果，我国18—65岁成人的体质指数和超重率在逐年增加，由此引发糖尿病、冠心病、某些癌症等发病率的加大。这一切都给我们的健康敲响了警钟，警示我们国家的快速

发展必须有全民健康做保证。没有健康的身体，不仅是个人发展的损失，更会给国家的发展带来不良影响。

二、女性健康问题的严重性

女性在生理结构上的特点是骨盆较宽，重心较低，骨组织中水和脂肪含量高，柔韧性较好，但是无机盐含量少，抗弯能力较差，肌肉力量为男性的60%—80%，心脏功能也比男性差。总体上，女性在生理上较男性有比较大的劣势，但女性承受着与男性同样的社会工作和社会责任，更承担着家庭的重任。多种压力下，失眠、抑郁、月经不调等发生率增多，糖尿病、心血管疾病、乳腺癌、宫颈癌等出现低龄化现象。我国各年龄阶段女性的握力水平呈整体下降趋势，收缩压和舒张压呈整体上升趋势。2016年，中国以女性肥胖者4640万人位居世界首位①，肥胖现已成为"90后"职场女性常见的疾病之一。此外，女性心理健康也是社会关注的重要问题之一。相关研究也表明，情绪健康是心理健康的重要指标之一，人的情绪会直接影响人的心理及身体健康。②世界卫生组织调查指出：女性精神病的发病率高于男性。以2010年12月1日为标准时点，全国妇联和国家统计局联合组织实施的第三期中国妇女社会地位调查显示，我国有四成女性都有不同程度的心理健康问题。女性出现心理健康问题既影响女性自身的身体健康，也间接影响家庭关系的和谐及社会的发展。③健康的心理状态可以帮助人以积极的心态面对各种

---

① 2016年中国人口老龄化现状分析及发展趋势预测［EB/OL］.［2016-03-16］. http：//www.chyxx.com/industry/201603/395552.html.

② 彭聃龄.普通心理学（修订版）［M］.北京：北京师范大学出版社，2001.

③ 周丽苹.关注女性心理健康问题［N］.中国人口报，2016-12-26（3）.

挑战，有效缓解消极的情绪，建立良好的社交关系，提升自我幸福感，促进身心健康发展。[①] 研究表明，当进行一定强度的体育锻炼时，人的神经系统可以得到有效的调节，可以降低压力给人们的身心带来的不利影响。[②]

三、女性社会角色的重要性

马克思曾对女性在社会发展中的地位、作用做过这样的评价："了解历史的人都知道，没有妇女的酵素，就不可能有伟大的社会变革。社会的进步可以用女性的社会地位来精确地衡量。"近代以来，中国女性摆脱了家庭的束缚，自信、自立、自强地融入社会政治、经济、文化生活之中，在各行各业都发挥着重要的作用，并做出了重要的贡献。

女性在社会生活中扮演着多种角色，担负着多种社会责任，繁衍后代便是其中之一。它看似关乎一个家庭，实则肩负着国家的发展、文明的传承、民族的繁荣与昌盛。只有女性健康，民族健康才有保障，国家发展才有力量。健身锻炼是女性身心健康的重要手段，女性需在健身锻炼中提高自己的身体及心理素质，为后代打下良好的健康基础，这将对社会的健康发展有很大的促进作用。有学者指出：女性的身体健康状况将对整个社会的文明程度产生重要的影响。[③] 中国女性占总人口近一半，从某种意义上说，女性身体健康是中国健康发展的希望。

---

① 牛力，刘燕.积极情绪相关研究现状［J］.现代医药卫生，2013（4）：555–557；郭小艳，王振宏.积极情绪的概念、功能与意义［J］.心理科学进展，2007（5）：810–815.

② 杨斌，唐吉平.湖南省大众体育消费与全民健身对策的研究［J］.西安体育学院学报，2001（2）：21–22.

③ 沙吉才.当代中国妇女地位［M］.北京：北京大学出版社，1995.

四、国家对国民健康的重视

国家对国民健康的重视程度不断加强，国务院从1955年开始相继颁布了《全民健身计划纲要》《全民健身条例》《全民健身计划（2016—2020）》《关于加快发展体育产业促进体育消费的若干意见》《"健康中国2030"规划纲要》等一系列重要文件，重在增强国民体质，提高国民素质。

习近平总书记在十九大报告中明确提出了"体育是强国之举，推进体育的发展，首先要广泛开展全民健身活动，明确建设健康中国的线路图，加快推进体育强国建设，从而实现健康中国战略"[①] 的号召。《"健康中国2030"规划纲要》提出，全民健康是建设健康中国的根本目的，立足全人群和全生命周期两个着力点，实现更高水平的全民健康。要惠及所有人群，突出解决好妇女、儿童、老年人、残疾人、低收入人群等重点人群的健康问题。在党和政府全民健康战略决策的指引下，女性健康意识得到不断加强，越来越多的女性开始步入健身场所，融入全民健身锻炼的大潮中。女性的健身意识和健身行为有力推动着健康中国战略的实施和发展。

五、女性健身意识的增强

改革开放以来，女性在思想意识上发生了很大的变化。如在健康方面重视体育健身锻炼，养生意识也在不断增强[②]；在审美意识上由掩饰

---

① 落实全民健身国家战略，努力推进健康中国建设（学习贯彻习近平总书记在全国卫生与健康大会上的重要讲话精神）［EB/OL］. 人民网，［2016-10-11］.

② 赵清双，郑国华.社会变革中的我国成年女性体质健康控制机制［C］// 中国体育科学学会.第十一届全国体育科学大会论文摘要汇编.中国体育科学学会，2019：691-693.

女性特征到以"性感"为美；在食品安全上重视天然产品、无公害食品等。

　　参加健身锻炼的女性人数越来越多，据调查，女性参加健身操课程的比例要高于男性[1]。通过多种多样的健身锻炼活动，女性的身体形态在不知不觉中发生了变化。我国著名学者田麦久教授曾说过："不同的身体形态在一定程度上反映着不同的生长发展水平，手持轻器械训练、舞蹈训练法可以对身体形态有着较好的影响。"[2] 形体美使女性在社会生活与工作中更加自信、更有活力，更推动着女性走进健身房，走入运动场，走向大自然，为提高自己的健康水平去进行体育健身锻炼，感受健身锻炼带给她们的快乐。

　　科学的体育锻炼不仅是维持身体形态的途径之一，更是增进健康的主要手段。根据王平的《哈尔滨健身中心女性健身者的现状及对策研究》，在健身俱乐部锻炼的女性群体中的87.4%没有超过45岁。[3] 观察发现，女性更偏向于瑜伽、有氧操、舞蹈等节奏感、韵律感、美感较强的健身运动。

　　意识是行动的先导。无论采用什么方式、什么手段进行健身锻炼，以及选择什么样的生活方式，都缘于思想意识的转变、健康认识的提高。

――――――
　　[1]　武真西.西安市女性会员健身行为对健身俱乐部集体健身操课程设置的影响研究［D］.西安：西安体育学院，2019.
　　[2]　田麦久.运动训练学［M］.北京：人民体育出版社，2000.
　　[3]　吕硕桀，刘瑞峰.弹力绳对女性身体形态的影响研究［J］.安徽体育科技，2019（3）：57-59+68.

第二节　我国女性健身锻炼的研究进展

基于中国知网（CNKI）数据库1500余篇研究文献，运用知识图谱分析的方法，观察到目前在我国，关于女性健身锻炼研究的科研文献越来越多，主要集中在对不同地区女性参与健身锻炼状况的研究，以及不同体育项目对女性身心健康的影响研究。这与我国地域辽阔、民族数量较多，且每个地区经济发展水平不同有很大关系，因此不同地区女性参与健身锻炼的情况也有较大差异。从1995年到2019年，女性健身锻炼领域的研究热点、趋势等呈现出如下几方面的特征：

一、女性健身锻炼文献的体量逐渐增大

通过在中国知网中按照主题词检索，并经过筛选，得到1522篇文献，将文献按发文时间绘制了发文年度图，如图1-1所示：

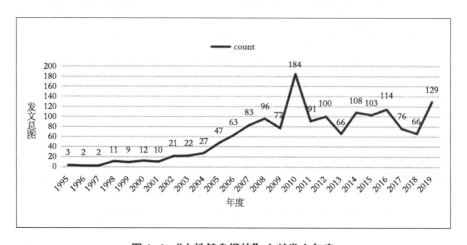

图1-1　"女性健身锻炼"文献发文年度

从图 1-1 可以看出，我国关于"女性健身锻炼"的研究从 1995 年兴起，虽然其间有个别年份发文量呈下降趋势，但是整体来看，关于女性健身锻炼研究的文献还是呈逐渐上升趋势，2010 年到 2011 年发文达 184 篇，说明我国女性健身锻炼还是逐渐受到重视的。

从中华人民共和国成立初期开始，在社会生产力水平不断提高的背景下，体育逐渐受到重视。有关女性健身锻炼的体育研究主要从 20 世纪 90 年代上半叶开始逐年增多。在中华人民共和国成立初期，我国主要以促进竞技体育的发展来带动我国体育事业的整体发展。在这个时期，针对女性竞技运动员的研究较多，针对女性的大众体育研究较少。20 世纪 90 年代以后，随着全民健身运动的推进，群众体育也开始迅速发展，女性健身锻炼的相关研究开始逐渐增多。

二、主要研究领域相对集中

由图 1-2 和表 1-1 的数据可知，在女性健身锻炼的研究中，出现频数较高的关键词就是"职业女性""中老年女性"及"老年人"。由此可见，关于女性健身锻炼的研究对职业女性及中老年女性人群健身锻炼的关注度较高，而女性参加的健身锻炼项目主要以太极拳、广场舞、健美操、瑜伽为主。因此，我国关于女性健身锻炼的研究相对来说比较集中于一些特定人群和热点健身项目。

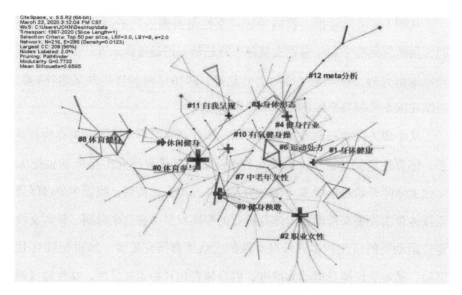

图1-2 "女性健身锻炼"高频关键词共现

表 1-1 "女性健身锻炼"领域高频关键词（前10）

序号	关键词	频数	中心度
1	女性	189	1.05
2	职业女性	90	0.25
3	中老年女性	70	1.11
4	老年人	63	0.65
5	太极拳	58	0.11
6	广场舞	44	0.04
7	老年女性	36	0.04
8	中年女性	32	0.07
9	健美操	24	0.07
10	瑜伽	19	0.04

三、关于不同女性群体的研究不断深入

（一）职业女性

"职业女性健身锻炼"关键词共现如图1-3所示。

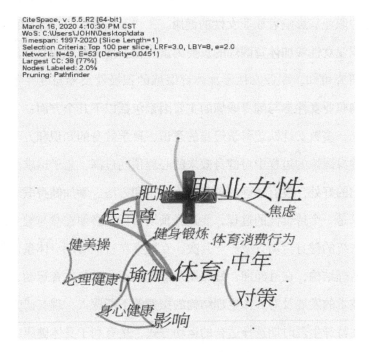

图1-3　"职业女性健身锻炼"关键词共现

　　职业女性群体覆盖了女性的青年、中年、老年等多个阶段，是女性一生中时间跨度最长且最重要的一个阶段。在当今社会，职业女性群体也是社会主要群体之一。随着时代的发展，女性的社会地位不断提升，女性的角色也从传统的家庭主妇转变为职场精英。社会地位不断提高，其所承受的压力也越来越大。家庭、事业的双重压力给现代职业女性的身心健康带

来了许多不利影响，身体处于亚健康状态在职业女性中具有普遍性。

职业女性如何在多重压力之下保持身心健康成为一个重要的问题，她们既不能像学校里的女性学生群体一样接受学校的体育教育，又不能像退休后的老年女性一样有闲暇的时间参加各种各样的体育锻炼。而职业女性在工作的过程中，由于自身的身体素质特点及女性生理状况的特殊性，多种多样的职业病影响着职业女性的健康。① "工作繁忙""家庭负担过重"是影响职业女性参加体育锻炼的重要因素。根据前人对职业女性健身锻炼的调查研究可知，职业女性参加体育锻炼的积极性及参与度并不是很理想，影响职业女性参与健身锻炼的主要因素包括以下几个方面：

首先，多数女性缺乏科学健身的意识、科学健身的知识和方法。多数女性在健身锻炼的过程中对健身效果的心理预期过高，急于追求健身锻炼带给她们的好处，没有正确的健身锻炼意识和方法。参加健身锻炼并取得良好效果是一个持续性的过程，要达到预期目标，必须在参与健身锻炼之前制定系统的健身运动方案。② 其次，女性存在特殊时期身体条件限制及特殊的生理结构，在月经期、妊娠期及哺乳期不宜参与体育运动，但是随着科学技术的发展及对人体生理结构的探索的不断深入，现有研究指出只要女性在特殊生理时期选择适合的运动方式，是有利于身体健康的。③ 最后，工作和家庭的双重压力是影响职业女性参加健身锻炼的重要因素，在工作和家庭之间进行时间分配已经占用了她们大量的时间和精力，如何利

① 王红艳.江苏省城市职业女性体育健身研究［J］.体育科技文献通报，2012（11）：102-106.

② 谢娟.我国城市职业女性体育健身参与的影响因素及干预对策探析［J］.当代体育科技，2017（12）：188-189.

③ 赵青青，李佳亮.职业女性体育锻炼的现状及影响因素探析［J］.运动，2016（8）：137-138.

用有效时间成为当今职业女性参加体育锻炼的一个重要问题。因此，探究影响职业女性健身锻炼的行为因素，提出相应的健身锻炼方案，提高职业女性健身锻炼的积极性和参与度，从而提高其身体素质，使其获得更好的工作状态具有重要的意义。

从对职业女性健身锻炼的研究中可以看出，职业女性在参加健身项目时更偏向于瑜伽和健美操项目。瑜伽是一项追求"身心合一，归心自然"的一种东方修行术，可满足职业女性塑造形体、缓解压抑心情及强身健体的需求。有许多研究证明，瑜伽可以有效缓解职业女性的压力及焦虑，同时可以提高女性的心理健康水平，保证职业女性的生活质量。因此，瑜伽作为一种时尚、健康的运动项目，越来越受职业女性喜爱。

健美操运动属于典型的有氧运动项目，优美、舒展的动作配合有节奏的音乐，练习者会获得精神和身体的双重享受。现代职业女性由于缺乏锻炼，身体不同程度地存在局部或整体肥胖的现象，健美操运动能够有效减少体内多余的脂肪，缩小身体围度数值。[①] 独特的健身、健心及塑形的良好效果，使其成为职业女性塑造良好形象不可替代的项目之一。

---

① 汪云.健身健美操对甘肃省女大学生身体形态和自信心的影响研究［D］.兰州：西北师范大学，2012.

（二）中老年女性

"中老年女性"关键词共现如图1-4所示。

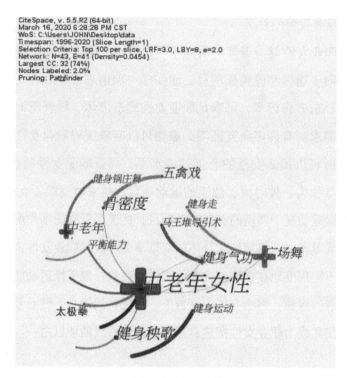

图1-4 "中老年女性"关键词共现

生活方式的转变及对营养均衡的重视有效延缓了人类的衰老进程。联合国世界卫生组织对年龄结构做出了新的划分，将衰老期推后10年，提出年龄在44岁以下的人群为青年人，45—59岁的人群为中年人，60—74岁的人群为年轻的老年人，75岁以上的人群为老年人，90岁以上的人群为长寿老人①。目前，我国已步入老龄化时代，在以后的30年里，我国

---

① 吴章凡.全民健身视域下健身气功项目的开展现状研究［D］.武汉：武汉体育学院，2018.

的老龄化将呈现加速发展的趋势。国家统计局发布的最新人口数据显示，截至2018年末，我国60周岁及以上人口达到了24949万，占总人口的17.9%[①]，女性的预期寿命高于男性。据调查，在2000年，60岁以上的人群中，女性比男性多6300万，老年女性数量甚至达到了老年男性数量的2—5倍。2016年的《中国老龄化与健康国家评估报告》也指出80岁以上的高龄女性占60%以上。可见，女性已经成为老年人群中的主体[②]，因此社会对中老年女性的健身锻炼也更为关注。

随着年龄的增长，50岁以上的中老年女性的肌肉力量和心肺功能也会随之下降，跌倒的风险也会随之增高[③]，轻者会造成骨折、软组织受伤等，重者会造成死亡。美国人口普查局在预测报告中指出，到2050年，全世界将有16亿老年人，90多个国家的老年人口占比将超过21%，其中39个国家的老年人口比例将超过28%[④]。老年人跌倒的问题也成为比较棘手的公共问题，据统计，全球每年约有40万人因跌倒而死亡，其中50%以上是65岁以上的老年人。[⑤] 相关文献报道更进一步指出，就老年人发生跌倒的概率而言，女性明显高于男性。[⑥] 可见，跌倒已经成为威胁老年

① 江声策.广场健身舞对中年女性身心健康的影响［J］.体育世界（学术版），2019（4）：141-142.

② 世界卫生组织.中国老龄化与健康国家评估报告［R］.2016.

③ 渡部和彦，王芸.老年人的身体平衡能力与"外部干扰适应理论"［J］.体育科学，2014（2）.

④ 高晓路，吴丹贤，许泽宁，颜秉秋.中国老龄化地理学综述和研究框架构建［J］.地理科学进展，2015（12）：1480-1494.

⑤ ISMAIL I, KEATING S E, BAKER M K, JOHNSONNA. A Systematic Review and Meta-analysis of the Effect of Aerobic vs. Resistance Exercise Training on Visceral Fat［J］.Obesity Reviews An Official Journal of the International Association for the Study of Obesity, 2012（1）：68.

⑥ 李延红，仲伟鉴，王春芳，等.上海市居民跌倒伤害的流行特征［J］.环境与职业医学，2014（11）：834-840.

女性健康的主要因素之一。众所周知，随着年龄的增长，中老年女性机体的新陈代谢及身体各器官的功能都会出现急剧衰退的现象，尤其在身体平衡、肌肉力量、柔韧性、反应能力等方面表现得更加突出。

由图1-4可以看出，在关于中老年女性健身锻炼的研究中，主要针对平衡能力对中老年女性的影响的研究比较多。大量研究数据表明，导致老年人跌倒的主要原因就是老年人的平衡控制能力减弱，且四肢肌肉力量薄弱，而平衡能力是维持人体基本站立、行走等姿势的重要能力，并且可以协调完成多种复杂的动作。研究表明，体育锻炼可以有效预防老年人跌倒。[1] 在国内有关改善平衡能力的研究中，众多学者都专注于太极拳项目改善平衡能力这种功效上。[2] 太极拳作为我国一项传统体育运动项目，通过四肢及躯干的缓慢运动有效改善运动范围及平衡能力。目前，越来越多的证据显示，老年人经常打太极拳，可以有效提高平衡能力并减小跌倒的风险。[3] 除此之外，还有一些研究通过对20名55—65岁的中老年女性进行太极柔力球运动干预，得出太极柔力球运动对有效避免中老年女性摔倒具有实际作用这一结论。[4] 关于不同的有氧锻炼项目对中老年女性平衡能

① 庄洁，陈佩杰，邓晓敏.老年人跌倒与运动干预研究现状［J］.中国运动医学杂志，2009（4）：456-459.

② 金昌龙，班玉生.太极拳练习对中老年人静态平衡能力的影响［J］.上海体育学院学报，2005（1）；肖春梅，王彤，姜桂萍.太极拳运动对老年平衡能力的影响［J］.北京体育大学学报，2006（4）；LI F ZH，HARMER P，FISHER K J，et al.Tai Chi and Fall Reductions in Older Adults：A Aandomized Controlled Trial［J］.J Gerontol A Biol Sci Med Sci，2005（2）.

③ HUSTON P，MCFARLANE B .Health Benefits of Tai Chi：What Is the Evidence?［J］.Canadian Family Physician，2016（11）：881-890；GILLESPIE L D，ROBERTSON M C，GILLESPIE W J，et al.Interventions for Preventing Falls in Older People Living in the Community［J］.Cochrane Database Syst Rev，2008（2）.

④ 冯苇，保文莉，毛健宇.太极柔力球运动对改善中老年女性跌倒风险的效果［J］.昆明医科大学学报，2020（1）：127-131.

力的影响的比较研究指出，对于一些几乎不锻炼的中老年女性，健步走、健身气功和健身舞都可以改善其平衡能力，其中健身气功和健身舞对于改善平衡能力效果是最好的。[①] 也有学者指出太极拳、气功等可以加强运动控制能力，交际舞、健身舞、体育舞蹈等以改善感觉输入功能为主的体育项目对改善平衡能力也具有很好的效果。[②]

有学者认为，我国中老年人的健身观念中还存在"重有氧运动，轻力量训练"的问题，45—60岁的女性群体正处于绝经期，肌肉流失及肌力下降的情况更加显著，力量训练对中老年女性来说是必不可少的。科学的力量锻炼对提高中老年女性的平衡、柔韧素质都有积极的作用。有研究通过科学的力量锻炼方法对老年女性肌肉衰减综合征人群进行运动干预，得出的结论是12周中等运动强度的力量锻炼使老年女性的肌肉质量有了明显的提高，并且可以有效提高其肌肉耐力。[③] 还有相关研究者以45—60岁的女性作为研究对象，通过探索该阶段女性的日常运动习惯，进而探索肌肉含量及肌力之间的关系。[④] 可见，力量训练对中老年女性来说也是必不可少的。

① 王晶晶，刘欣，王道，郑樊慧.不同类型有氧锻炼对中老年女性平衡能力的影响［J］.中国老年学杂志，2019（21）：5284-5288.

② 刘崇，阎芬，曹冰，杜洁，赵焕彬.运动延缓老年人平衡能力下降的研究进展［J］.中国康复医学杂志，2009（7）.

③ 曹立全，庞家祺.力量锻炼对老年女性肌肉衰减综合症（征）的影响研究［C］//中国体育科学学会.第十一届全国体育科学大会论文摘要汇编.中国体育科学学会，2019：5478-5479.

④ 陈颖.力量训练对45—60岁女性肌流失及肌力的影响［D］.西安：西安体育学院，2019.

四、女性主要健身项目

表1-2表明，女性健身锻炼的主要研究项目呈现出动态变化的特点。从1997年开始，我国女性健身锻炼的主要研究项目有健美操、有氧健身操、太极拳等；近年来，健步走、广场舞、健身气功、健身舞、八段锦等热门项目逐渐兴起，开始进入研究者的视野。

表 1-2　女性参加健身锻炼的主要项目

总数	年份	关键词
63	2006	太极拳
48	2013	广场舞
29	2007	瑜伽
24	1997	健美操
22	2000	有氧健身操
13	2010	健身秧歌
13	2014	健身气功
8	2009	健步走
4	2011	体育舞蹈
2	2010	健身舞
2	2019	八段锦

由图1-5可以看出，从1997年到2019年这22年的研究历程中，女性健身锻炼的前沿突现词汇共有18个。其中在健身锻炼研究项目中突现系数最高的为广场舞（15.0689），突变时段为2015—2019年，其次为有氧健身操（6.1166），突变时段为2000—2007年。22年间，每年都有关于女性健身锻炼研究的新视角，其中健美操是最早的研究热点项目，从1997年开始一直持续到2002年。关于瑜伽、广场舞、太极拳的研究出现的时间较晚，且一直延续至数据样本结束。可以看出这三个项目是近几年来女性参加的比较热门的健身项目，也是今后相关专家、学者重点研究的健身项目。下面对女性健身锻炼中研究得较多的热点健身项目做进一步分析。

Keywords	Year	Strength	Begin	End	1995—2019
健美操	1995	3.415	1997	2002	
健身操	1995	4.0352	1998	2000	
有氧健身操	1995	6.1166	2000	2007	
体育健身	1995	5.2246	2006	2012	
体育	1995	3.6626	2008	2009	
职业女性	1995	6.5324	2008	2012	
体质	1995	3.6156	2010	2015	
中年女性	1995	5.1933	2010	2013	
健身秧歌	1995	4.5916	2010	2011	
身心健康	1995	5.2336	2011	2013	
血脂	1995	3.7669	2012	2014	
瑜伽	1995	5.2524	2014	2019	
健身气功	1995	3.4842	2014	2016	
广场舞	1995	15.0689	2015	2019	
中老年女性	1995	3.2938	2015	2017	
太极拳	1995	5.2248	2016	2019	
骨密度	1995	3.3375	2016	2017	
老年人	1995	3.6078	2016	2019	

图1-5　女性参加健身锻炼的前沿图谱

（一）健美操

"健美操"关键词共现如图1-6所示。

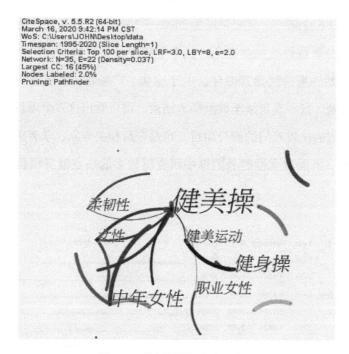

图1-6 "健美操"关键词共现

由图1-6可以看出，健美操、健美运动是最早被研究的女性健身锻炼项目，以其独特的魅力备受女性欢迎。健美操在20世纪80年代传入我国，在高校中得到普及，并作为美育的一种手段开始被研究。1979年以来，全国各地开始举办形式和内容多样的健美操班[①]，受到了广大女性的欢迎。健美操运动推广速度快，热度持续时间久，至今没有一个项目能与

---

① 石丽华.试论健身、健美操对女子身心的影响［J］.山西广播电视大学学报，2004（6）：67-68.

其相比，在我国全民健身运动中发挥了极其重要的作用。

　　健美操将体操、舞蹈融于一体，通过各种徒手动作和使用健美器械的身体练习来达到健身、健美及健心的目的，动作丰富多样且具有针对性，并且带有鲜明的韵律感和节奏感。长期参加健美操运动可以改善女性的身体形态，促进女性的身心健康，因此，在健美操研究领域中，大多数探索的是健美操运动对女性身体形态的改善。形体美属于人体外在美的一种表现形式，与人的身体结构、健康水平、运动能力及个性特征都有关联。形体美能够给人带来赏心悦目的感受，并且能够提升自身的气质，更重要的是可以提高人的健康素质，增强人的自信心。

　　健美操是通过各种训练内容改善身体形态、提高身体素质和健康水平、培养锻炼者内在气质的一个运动项目。从图1-6中也可以看出，参加健美操运动的主要人群是职业女性和中老年女性。有研究指出，职业女性长时间参加中小强度的健美操锻炼可以减少体内脂肪，从而改善身体机能，降低心率，提高肺活量，增强心肺功能，还可以提高职业女性的协调性、灵敏度等身体素质。[①] 有研究者在关于30名中年女性参加健美操运动前后身体形态变化的研究中选取体重、胸围、腰围、臀围进行实验前后对比，指出，由于人体进行健美操运动这种有氧锻炼可以提高脂肪的消耗能力，运动时脂肪功能随运动强度的增大而降低，脂肪代谢随持续时间的延长而增强，因此进行长时间中等强度的健美操运动可以加速体内脂肪的分解和利用，从而达到降低血脂、改善脂肪代谢、保持良好身体形态的目

---

① 陆守芹.健美操运动对中年职业女性身心健康影响的实验性研究［J］.体育成人教育学刊，2008（2）：42-43.

的。① 而对中年女性身体素质变化的研究选取握力和1分钟仰卧起坐作为指标，结果显示，健美操运动能够有效提高肌力，增强肌肉功能，提高身体素质，从而提高运动能力。

健美操在女性追求"美"的过程中具有重要的影响作用。练习健美操对塑造女性的形体美具有明显的作用，并且还能够促进女性身心的健康发展，提高女性的生活质量。朱建伟等在《从健美操视角解析现代女性身体审美观的异化》一文中通过对健美操的发展、现代女性身体美学的社会和文化根源进行深入分析，指出现代女性应具备健康的要求，探索健身的路径，并提出相应的对策以更好地引导当代女性利用健美操塑造美。② 陈丽霞在研究中也认为我国女性的健身思想形成、发展的每个阶段都与健美操相关，健美操从发展到成熟的每个环节的变化都会引起女性健身思想的变革。③

---

① 沈红霞，赵用强.健美操运动对中年女性体质健康的影响研究［J］.才智，2010（18）：266.

② 朱建伟，陈玲.从健美操视角解析现代女性身体审美观的异化［J］.湖南科技学院学报，2013（2）：202-204.

③ 陈丽霞.健美操与我国女性"美与健"思想的发展和完善［J］.山东体育科技，2005（1）：63-65+68.

（二）太极拳

"太极拳"关键词共现如图1-7所示。

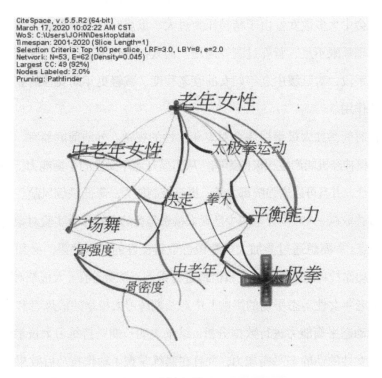

图1-7　"太极拳"关键词共现

太极拳自从出现在大众的视线中以来，一直备受关注。太极拳的相关研究主要集中在太极拳对中老年女性及绝经期女性的作用，以及对中老年女性的骨密度、平衡能力的影响。随着年龄的增长，尤其是到了绝经期后，女性体内的雌激素水平明显降低，会出现肌肉力量下降，导致骨质疏松，增加跌倒概率。太极拳作为我国传统体育项目，以武术为基础，其动作由四肢和躯干动作构成，对改善女性的运动范围和站立平衡有很好的作用。①

太极拳作为我国传统的养生文化，不仅可以增强体质、促进健康，在延年益寿方面也有着重要的作用②，其养生作用更是受到了世界的认可。现代社会中大多数女性由于精神压力过大、锻炼时间不够而处于亚健康状态，出现睡眠不足、营养过剩等问题。而太极拳作为现代女性保养、健身的重要手段，对延缓中老年妇女的衰老程度、减轻更年期女性的症状都有显著的作用。

长时间参加太极拳锻炼会对老年女性的视觉、外周前庭器官、体觉功能及中枢神经机能产生积极的影响，从而提升老年女性的平衡能力、协调性和稳定性，并且可以增强腿部力量，提高控制能力，降低跌倒风险。相关研究通过选取60—75岁骨量减少且无太极拳经验的女性作为实验对象也证实了这一点。③ 要想通过参加太极拳锻炼取得良好的健身效果，必须在掌握正确的动作技巧的基础上持之以恒地进行锻炼。陈爽等在《太极拳对不同锻炼水平老年女性动态平衡的影响》中对长期练习太极拳的锻炼者和步行锻炼者的动态平衡能力进行数据分析，结果表明长期坚持练习太极拳可以有效改善女性的动静态平衡能力，并且在熟练掌握了动作技巧后效果更加明显。④ 相关研究也证实了太极拳的短期练习对女性骨密度的影响效果并不

---

① HUSTON P, MCFARLANE B. Health Benefits of Tai Chi: What Is the Evidence?［J］. Canadian Family Physician，2016（11）：881–890.

② 李露，杨国凤.浅析太极拳对老年人的健身机制［J］.武术研究，2018（2）：80-81+90.

③ 孟凡莉.太极拳运动改善骨量减少女性老年人平衡能力的实验性研究［C］//中国体育科学学会.第十一届全国体育科学大会论文摘要汇编.中国体育科学学会，2019：7767-7768.

④ 陈爽，岳春林.太极拳对不同锻炼水平老年女性动态平衡的影响［J］.南京体育学院学报，2019（8）：26-32.

大；只有长期进行太极拳练习，才会使女性的骨密度得到良好的改善。[①]

由图1-7也可以看出，许多学者对太极拳、广场舞、快走等运动项目的健身效果进行对比研究。相关研究指出，长期进行太极拳、广场舞及健步走锻炼的老年女性的静态平衡能力都优于无相关锻炼经历者，而长期参加太极拳运动者的静态平衡能力要优于广场舞和健步走的锻炼者。[②] 也有实验证实，长期参加太极拳、快走和广场舞运动可以提高老年女性大转子的功能和腰椎的骨密度，而太极拳在提高股骨、颈骨密度上具有更加积极的作用。[③] 李艳辉等在研究中也指出太极拳运动对提高老年女性的稳定性的作用要比广场舞明显，并特别指出太极拳运动对增强老年女性的下肢慢速肌力作用更加明显，而广场舞对增强老年女性的下肢快速肌力作用更加明显。[④] 在《不同有氧运动方式对中年女性健身功效的比较研究》中，研究者分析了广场舞、太极拳、健身跑三种有氧健身项目对中年女性健康体适能及骨密度指标的影响，指出健身跑对中老年女性的心肺功能具有积极的影响。广场舞和太极拳对中老年女性的柔韧性影响显著，太极拳对提升中老年女性的静态平衡能力具有积极的作用，广场舞对改善中老年女性的协调能力具有积极的作用，而这三个运动项目对改善中老年女性的体成分

---

① 徐飞.24式简化太极拳对绝经后女性骨密度的影响［J］.实用中医药杂志，2017（12）：1428-1429.

② 张猛，王凤，宋旭，游永豪.常用锻炼方式对老年女性静态平衡能力的影响［J］.医用生物力学，2018（3）：267-272.

③ 赵静，程亮.不同方式长期运动对老年女性骨密度的影响［J］.中国骨质疏松杂志，2020（1）：50-53.

④ 李艳辉，娄彦涛.不同锻炼方式对老年女性人体稳定性的影响［C］//中国体育科学学会.第十一届全国体育科学大会论文摘要汇编.中国体育科学学会，2019：5614-5616.

及减少体脂百分比都有显著的作用。[①] 因此，不同的运动项目在健身效果上都各有侧重点，女性在选择健身项目时要根据自身的身体条件和健康状况有针对性地选择，可采用多种不同的健身项目，从而弥补各项目的不足，以达到最佳的健身效果。

（三）广场舞

"广场舞"关键词共现如图1-8所示。

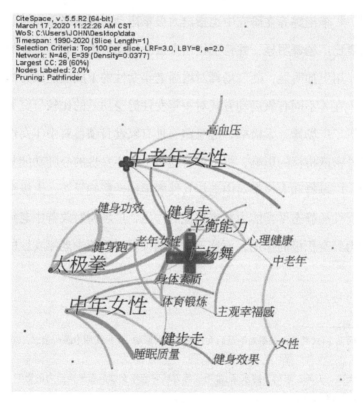

图1-8　"广场舞"关键词共现

---

① 宣磊.不同运动方式对中老年女性健身功效影响的比较研究［C］//中国体育科学学会.第四届全民健身科学大会论文摘要集.中国体育科学学会，2018：285-286.

广场舞是由群众自发组织的一种具有健身、娱乐、交友等目的且在音乐中进行的体育运动①，群众参与度极高，社会影响范围广，因成本低、简单、自由等特点深受广大女性尤其是中老年女性的喜爱。从2012年开始，国家体育总局为了能够重新规范广场舞而做了调研，希望广场舞更加科学、规范地发展下去。2015年，广场舞登上了春节联欢晚会，第一次在电视上呈现，并受到了全世界的瞩目。当时，其在美国、法国、日本、韩国等地也风靡一时。同年5月31日，国家体育总局首次举办了以"健康中国行"为主题、以国家推出的12套规定广场舞套路为主要内容的全国性质的广场舞比赛。比赛在全国15个城市设立分赛区组委会，覆盖人群近30万。该比赛的成功举办也为之后的全国性广场舞赛事奠定了广泛的群众基础，据统计，到2018年，全国参加广场舞运动的人数已经超过1亿。②

由图1-8可以看出，在对广场舞进行的研究中，主要研究对象为中老年女性，主要针对广场舞对中老年女性的身体素质、平衡能力、心理健康、主观幸福感的影响的研究较多，也有很多学者对太极拳、健步走和广场舞对中老年女性健身产生的效果进行对比研究。调查研究显示，广场舞在改善中老年女性的体形、减少其体内脂肪、促进其心肺功能、增强其肌肉力量、提高其柔韧性等方面有很大的作用。李月红等的研究指出，受试者参加了广场舞运动后肺活量指数明显上升，与实验前的肺活量指标相比具有显著性差异。③沈玉梅的研究也指出持续参加两个月的广场舞运动

---

① 牟顶红.广场健身舞研究现状综述与趋势展望［J］.体科风，2010（24）：86-88.

② 刘延禹.广场舞对大连市中老年女性健康体适能影响的研究［D］.大连：辽宁师范大学，2019.

③ 李月红，周娟，等.广场舞运动对60—65岁女性老年人心肺功能影响的实验研究［J］.渭南师范学院学报，2018（12）：96.

的女性的柔韧性有显著性提高。参加广场舞运动时，身体各个部分的肌肉都要参与，长时间参加该运动也能够增强其肌肉力量。① 王雪峰的研究指出，在被进行了8周的广场舞健身干预后，老年女性的握力水平明显提高，由此也证实了广场舞锻炼可以增强女性的肌肉力量。② 江声策的《广场健身舞对中年女性身心健康的影响》指出长期练习太极拳的中老年女性HAMD-24、HAMA-14、SCL-90、TESS、TOL、MMSE、CDT的　分数与对照组具有显著性差异，证实了长期参加广场舞锻炼可以提高中老年女性的身心健康及认知能力水平。③ 《广场舞锻炼对中老年女性体质影响的研究》中指出，广场舞对中老年女性预防肥胖、改善心血管系统机能有明显的作用，且对中老年女性的柔韧素质、灵敏素质、力量素质等都具有明显的改善作用，并且可以促进中老年女性的心理健康，提升其人际交往能力。④

　　针对广场舞存在的问题和主要矛盾的研究大多数指向广场舞的扰民现象及场地紧缺的问题。有些研究指出，由于参加广场舞运动的群体大多是居民，因此在选择场地时都采取就近原则，导致广场舞活动成为社区噪音的主要来源，居民和广场舞爱好者的矛盾不断升级。有些研究者也指出，广场舞在发展的过程中最大的阻碍便是健身场地的限制，这容易破坏健身者持续锻炼的好习惯。⑤

　　① 沈玉梅.广场舞对中老年女性健康影响研究［J］.运动，2016（9）：145-146.

　　② 王雪峰，王茜.女性老年人广场健身舞健身效果的实验研究［J］.当代教育理论与实践，2013（9）：107-110.

　　③ 江声策.广场健身舞对中年女性身心健康的影响［J］.体育世界（学术版），2019（4）：141-142.

　　④ 吕阳.广场舞锻炼对中老年女性体质影响的研究［D］.西安：西安体育学院，2015.

　　⑤ 于秋芬.社区体育运动开展中权利冲突分析 —— 以广场舞纠纷为视角［J］.体育与科学，2014（2）：83-87.

（四）瑜伽

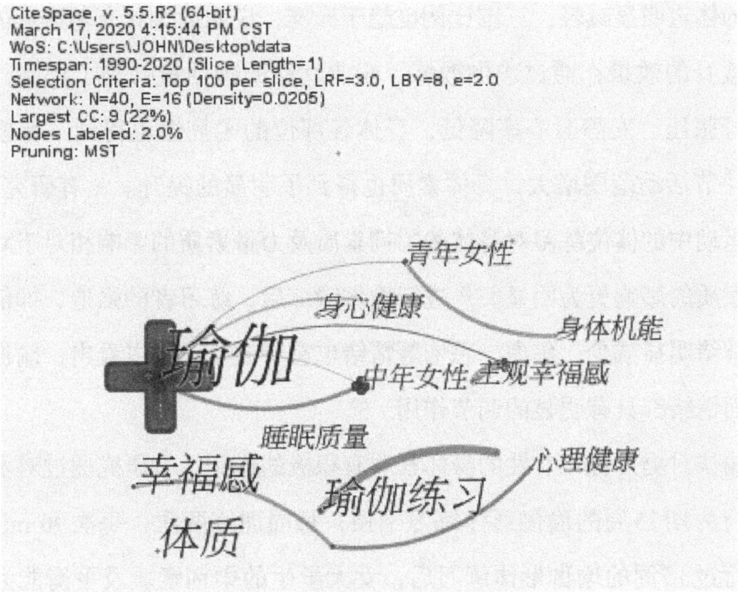

CiteSpace, v. 5.5.R2 (64-bit)
March 17, 2020 4:15:44 PM CST
WoS: C:\Users\JOHN\Desktop\data
Timespan: 1990-2020 (Slice Length=1)
Selection Criteria: Top 100 per slice, LRF=3.0, LBY=8, e=2.0
Network: N=40, E=16 (Density=0.0205)
Largest CC: 9 (22%)
Nodes Labeled: 2.0%
Pruning: MST

青年女性
身心健康
身体机能
瑜伽
中年女性 主观幸福感
睡眠质量
心理健康
幸福感
瑜伽练习
体质

图 1-9　"瑜伽"关键词共现

　　由图1-9可以看出，在关于瑜伽项目的研究中，主要研究对象为青年女性及中年女性。我国关于瑜伽的研究主要集中在瑜伽的发展现状，关于其对女性的身心健康尤其是心理健康的影响的研究也较多。瑜伽作为东方最为古老的一项养生运动项目，有其独特的魅力，使练习者通过不同的体位及呼吸方式、不同方式的冥想结合自身的调节，达到身心合一。

　　从图1-5中可以看到，从2014年到现在，瑜伽一直深受大众的广泛关注及认可。瑜伽项目中有许多伸展、牵拉等动作，长期系统的练习有利于改善人体体质及机能，可以有效缓解机体疲劳，提升身体素质，也能够有效调节练习者的情绪。

有学者对职业女性进行为期26周的瑜伽锻炼干预，通过实验数据对比分析发现，职业女性的各项指标与实验前相比都有明显的变化。实验后女性的体重明显减轻，三围比例也趋于标准，说明瑜伽具有塑造形体、健美、瘦身的效果；通过瑜伽锻炼，职业女性的肺活量得到了提高，收缩压、舒张压、安静时心率降低，身体各部位的柔韧性也得到了有效的改善，关节活动范围增大，身体素质也得到了明显的提升。① 有研究指出，瑜伽运动中的体位练习对身体的柔韧素质及力量素质的影响相对于对其他身体素质的影响更为明显。② 进行瑜伽锻炼后，练习者的强迫、抑郁、敌对等情绪明显减少，焦虑、恐怖等情绪也有所改变。可以看出，瑜伽对各种负面情绪都具有明显的调节作用。③

瑜伽对提升青年女性的身体素质有积极的作用。有研究通过对女大学生进行为期15周的瑜伽形体练习干预，每周训练两次，每次90 min，发现进行过15周的瑜伽形体练习后，女大学生的柔韧素质及平衡能力都得到了明显的改善。④ 也有研究指出，16周的瑜伽课程也可以提升高校女大学生的协调性。⑤《瑜伽练习对青年女性体成分、柔韧性和静态平衡能力的影响》指出，为期6周的瑜伽锻炼明显影响青年女性的脂肪，去脂体重

---

① 张建萍.瑜伽锻炼对职业女性身心健康的影响［J］.广东职业技术教育与研究，2018（2）：51-55.

② 宋育帅.瑜伽练习对中年女性功能动作能力影响的研究［D］.西安：西安体育学院，2017.

③ 徐玲，汤德锭，王芡芡.浅析瑜伽在心理过程中的作用［J］.安徽工业大学学报（社会科学版），2015（5）：148-149.

④ 汪敏，钱强，盛宁宁.瑜伽形体训练对女大学生身心健康影响的研究［J］.广州体育学院学报，2005（2）：84-87.

⑤ 任园春，查萍.瑜伽练习前后高校女生动、静态平衡功能的变化［J］.中国运动医学杂志，2007（3）：352-353.

没有显著变化，可见瑜伽锻炼可以有效改善女性的体成分。同时指出，瑜伽锻炼也使女性的柔韧素质、平衡能力有了明显的改善。[①]

　　瑜伽对中老年女性的身心健康同样也有积极的作用。有学者认为瑜伽运动较其他运动项目来说，动作比较柔和，运动强度不大，因此比较适合中老年女性尤其是更年期女性。[②] 女性进入40岁之后，身体各方面的机能都会出现下降趋势。选取45 — 59岁的中年女性进行为期16周的瑜伽干预练习，会发现受试者的核心力量、静态平衡、前庭功能稳定性及腰髋关节柔韧性都得到了有效的改善。也有研究证实瑜伽运动对不同身体形态的中年女性的肺功能具有改善作用，可以降低血脂TG含量，提高HDL–C水平，但是对血清TC和灵敏度没有显著的影响。[③] 进行瑜伽锻炼也可以降低中老年女性中的肥胖人群及标准人群的体重，以及偏瘦女性安静时的心率。在瑜伽对中老年女性的心理影响方面，相关研究选取29名处在更年期并有抑郁倾向的女性作为实验对象，进行为期20周的瑜伽干预练习。实验后对这29名女性进行SDS自评抑郁量表测试，结果显示，瑜伽运动可以有效缓解更年期女性的抑郁症状。

---

　　① 　徐苏.瑜伽练习对青年女性体成分、柔韧性和静态平衡能力的影响［J］.体育科技文献通报，2018（3）：116–118.

　　② 　李玉芬.瑜伽运动对更年期女性抑郁的影响［J］.韶关学院学报，2017（9）：94–98.

　　③ 　姜凯莉.瑜伽运动对不同身体形态中年女性体质和血脂相关指标的实验研究［D］.西安：西安体育学院，2017.

（五）健身气功

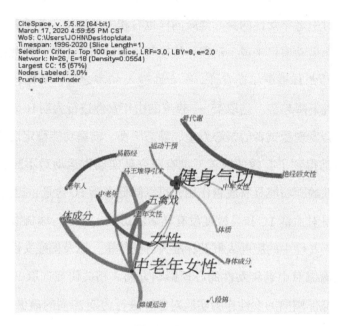

图1-10 "健身气功"关键词共现

健身气功是中华传统文化的重要组成部分，是由国家体育总局组织并创编的传统体育项目，通过自身的形体活动与呼吸方式结合，达到锻炼身体的目的。健身气功在2003年初作为第97个体育运动项目被国家体育总局确立，国家体育总局推广了易筋经、大舞、导引养生功十二法、八段锦、马王堆导引术、五禽戏、十二段锦、六字诀、太极养生杖九套健身气功功法[①]，每套功法都有与之对应的口令和音乐，因此引起了广大群众浓厚的兴趣。

---

① 国家体育总局健身气功管理中心.健身气功·易筋经［M］.北京：人民体育出版社，2003.

从图1-10中可以看出，健身气功这个项目的主要研究对象是中老年女性，尤其是绝经后女性。相关研究对60名绝经女性进行了四种健身气功干预实验，实验后60名女性的骨密度增加，并且发现这项干预实验能够改善其血清中钙、磷和碱性磷酸酶水平，以及尿液中脱氧吡啶磷的排泄率，进而改善其骨代谢。[①] 还有研究指出，一段时间有规律的八段锦练习可以有效提高人体关节的活动度，并降低受试者的体脂指数及腰围指数。[②] 周小青在研究中也指出，老年女性练习了3个月八段锦后，其下肢力量及关节的灵活性得到了增强。[③] 有研究通过对超重或肥胖的中年女性进行一段时间的八段锦干预，发现其身体各项指标都发生了显著的变化，机体代谢水平有所提高。[④] 此外，还有相关实验研究证实，中老年人在经过了3个月的八段锦练习后，其血糖水平也可以得到有效调节。[⑤]

健身气功中的每一套功法都有其独特的作用，因此也有大量学者对不同的功法进行对比研究。有研究通过对老年女性进行健身气功·强体功及六字诀的干预练习，发现健身气功·强体功在改善老年女性的腰臀比、身体素质及机能水平上明显优于六字诀。[⑥] 而对120名中老年人所做的易筋经、八段锦、五禽戏、六字诀分组对比实验结果显示，除六字诀外，其他

① 苗福盛，王猛.健身气功对绝经女性骨密度和骨代谢影响研究［J］.吉林体育学院学报，2012（3）：107-109.

② 刘鹏飞.八段锦运动治疗高血压的临床观察［D］.广州：广州中医药大学，2014.

③ 周小青.健身气功·八段锦对中老年人身体形态、生理机能及血脂的影响［D］.北京：北京体育大学，2003.

④ 张晓强.健身气功·八段锦对超重或肥胖中年女性代谢综合征相关指标的影响［D］.北京：北京体育大学，2008.

⑤ 刘俊荣，郭玉石，张瑞峰，李俊杰，张勃，姜希娟.健身气功"八段锦"对中老年人血糖的影响［J］.中国老年学杂志，2011（16）：3196-3197.

⑥ 袁点.健身气功·强体功改善老年女性体质的实验研究［D］.北京：北京体育大学，2017.

三种功法练习都可以降低受试者的皮褶厚度和腰臀比，且四种练习都可以有效提高受试者的柔韧素质、力量素质、平衡能力等身体素质。①

健身气功不仅对提高女性的身体素质有良好的作用，对老年女性的心肺功能也有调节作用。在对老年女性所进行的为期3个月的健身气功·大舞的干预中发现，受试者的心血管功能明显提高，肺活量也有了明显的变化，可见健身气功可有效增强老年女性的肺部功能。还有研究指出，老年人在经过6个月的健身气功·五禽戏锻炼后，其物质代谢尤其是脂代谢得到了有效的改善。② 陈岚的实验也显示健身气功不仅对女性的身体形态有改善作用，并且能够明显增强女性的心肺功能，表现在心率、收缩压、肺活量等指标具有显著性差异，对女性的力量素质、柔韧素质、灵敏素质、平衡能力等都具有促进作用。③

健身气功对女性的心理也有积极的影响，相关研究对普通中老年人群进行健身气功干预，通过心理量表及实验观察受试者的心理变化，发现受试者的心理焦虑状态及抑郁水平随着健身气功的干预而逐渐下降。④ 健身气功·易筋经和健身气功·五禽戏对于一些有心理问题的中老年人同样有良好的效果，能够缓解其焦虑和抑郁的症状，同时还能提高其身体素质，进而促进其身心健康。⑤

---

① 魏胜敏.四种健身气功锻炼对中老年人健身功效的实验研究［D］.石家庄：河北师范大学，2007.

② 虞定海.6个月健身气功·五禽戏锻炼前后中老年人脂代谢变化［J］.中国运动医学杂志，2008（5）：610–611.

③ 陈岚.健身气功对中年女性健身效果的研究［D］.金华：浙江师范大学，2018.

④ 翟向阳.健身气功锻炼与提高心理健康作用的研究分析［J］.河南中医学院学报，2006（3）：47–48.

⑤ 刘洪福，安海燕，王长虹，曹承，张冰.健身气功·八段锦健心功效实验探讨［J］.武汉体育学院学报，2008（1）：54–57+77.

女性解剖生理特点与
锻炼要点提示

　　女性是推动社会进步和发展的重要力量。关爱女性健康、关心女性的身心发展是社会进步的重要体现。女性从胎儿形成到衰老是一个连续的生理过程。这一连续的生理过程又由不同的阶段组成，每个阶段都表现出不同的生理特点。科学的健身锻炼要从了解女性的生理变化过程开始，从了解女性不同时期的生理特点开始。

　　本章主要由以下几部分内容构成：女性年龄阶段划分、女性各年龄阶段的生理特点、女性的主要肌群、女性特殊时期的健身锻炼等。

第一节　女性年龄阶段划分

　　进入21世纪，科技的发展、经济的繁荣、医学的突破为人类的延年益寿提供了可能性。根据美国CDC披露的数字，2014年，美国百岁老人的数量从2000年的50281人增至72197人，其中80%以上是女性。根据中

国老年学学会的统计数据，截至2014年6月30日，我国健在的百岁老人已达58789人，比2013年同期增长了4623人。与美国相同，我国的百岁老人也是女性居多。人的寿命的延长也使年龄划分的标准产生了相应的变化。根据世界卫生组织官方资料，《妇产科学》（人民卫生出版社），《生理学》等著作的内容，有必要对人类年龄阶段划分的标准进行一下梳理。

一、我国古代及古希腊时期的划分

在我国古代，人们根据男子生长过程中的生理特点，将其一生分为九个阶段，每十年为一个阶段，分别是幼、弱、壮、强、艾、耆、老、耄、期。《礼记》一书中详细记载："人生十年曰幼，学；二十曰弱，冠；三十曰壮，有室；四十曰强，而仕；五十曰艾，服官政；六十曰耆，指使；七十曰老，而传；八十、九十曰耄……百年曰期，颐。"而《论语·为政》是这样对人类年龄组进行划分的："子曰：'吾十有五而志于学，三十而立，四十而不惑，五十而知天命，六十而耳顺，七十而从心所欲，不逾矩。'"以上这些划分标准主要偏向于男性。

中医经典著作《黄帝内经》将女人的生理盛衰每七年划分为一个阶段："岐伯曰：'女子七岁，肾气盛，齿更发长；二七而天癸至，任脉通，太冲脉盛，月事以时下，故有子；三七肾气平均，故真牙生而长极；四七筋骨坚，发长极，身体盛状；五七阳明脉衰，面始焦，发始堕；六七三阳脉衰于上，面皆焦，发始白；七七任脉虚，太冲脉衰少，天癸竭，地道不通，故形坏而无子也。'"此段话对女性一生的生理特点进行了全面而系统的描述：女性在7岁时，肾机能充盛，推动女性的生长发育，其外在的显著变化分别是乳牙更换和头发生长；14岁时，性机能成熟，月经按时而行，故有了生育机能；21岁时，肾机能平稳，长出真牙，也就是智齿，身体发育到了最好的状态；女性生长到28岁时，筋骨坚固有力，头发的生长也到了极限，是身体机能最旺盛的时期；35岁时，阳明脉即胃和大肠的功能开始衰退，外在表现是女性面部开始憔悴，出现黄褐斑及蝴蝶斑，头发开始脱落；女性在42岁以后，脏腑供应头面的气血更加呈衰退之势，面部也更加憔悴，出现白发；49岁时内脏机能衰退，月经断绝，身体衰老，生育能力丧失。

从以上两段描述中可以看出，男性和女性无论是在寿命上还是在生理特征上都表现出了巨大的差异。因此，我们必须对女性独特的生理特点及特殊时期有清晰、明确的认知。

古希腊时期，人们根据一年的季节变化来划分年龄：将20岁以下划分为春季，称为"少年时期"；认为20—40岁是人的青年时代，相当于处于夏季；40—60岁则相当于处在秋季，属于成年时代；当步入60岁后，也就相当于进入了冬季，即老年时代。

二、世界卫生组织（WHO）的划分

1956年，联合国人口司在《人口老龄化及其社会经济含义》报告中将人口划分为三大年龄组：0—14岁被称为"少儿组"；15—64岁则归于成年组，也称"劳动年龄组"；65岁及以上则归为老年组。这一划分标准的主要依据是发达国家人口的身体素质。随着时间的推移，老龄化现象逐渐从发达国家扩展到了发展中国家，但发展中国家老龄化现象表现出不同于发达国家的特征，因而在2019年召开于维也纳的"世界老龄问题大会"上，老年组的年龄起点被进行了调整，把老年人从65岁及以上下调

至60岁及以上。

2013年，总部设于瑞士日内瓦的世界卫生组织（WHO）经过测定全球人体素质和平均寿命，重新规定了人类年龄的划分标准。此标准将人的一生划分为5个年龄段：44岁以下为年轻人，45—59岁为中年人，60—74岁为年轻老人，75—89岁为老年人，90岁及90岁以上为长寿老人。

2017年，罗淳教授在《关于人口年龄组的重新划分及其蕴意》中根据当前人类的发展现状，重新构建了人类年龄划分标准，即"五大年龄组"（见图2-1）。这一划分标准将人的一生预设为100岁并进行等龄划分：0—19岁为少儿组；20—39岁为青年组；40—59岁为壮年组；60—79岁为实年组，80岁及以上为老年组。

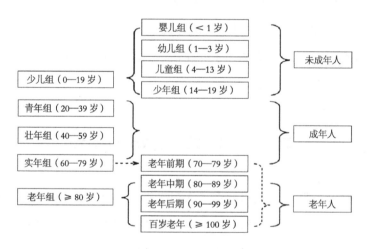

图 2-1　五大年龄组

2018年，世界卫生组织（WHO）经过对全球人体素质和平均寿命进行重新测定，对人类年龄划分标准做出了新的规定（见图2-2）。该规定将人的一生划分为5个年龄段：0—17岁为未成年人，18—65岁为青年人，66—79岁为中年人，80—99岁为老年人，100岁及以上为长寿老人。

图 2-2   人类年龄划分新标准 [1]

三、生理学划分

  女性的一生经历了从胎儿形成到衰老的生理过程，也就是下丘脑 — 垂体 — 卵巢轴功能发育、成熟和衰退的过程。在此过程中，女性生殖系统的变化是最为显著的，各阶段都具有不同的生理特征。在第九版《妇产科学》（人民卫生出版社）一书中，女性的一生根据其年龄和生理特点可分为7个阶段，分别是：在母体子宫中38周为胎儿期；出生1个月内为新生儿期；从出生1个月到12岁为儿童期；12岁以后、19岁以前为青春期；45岁前为性成熟期；45—55岁为绝经过渡期；60岁以上为绝经后期，也

---

[1]   引自网页 https://www.ruyile.com/news/r10147/.

就是老年期。这7个阶段的时间界限并不明确，具有个体差异性，这主要是遗传、环境、营养等因素造成的。

第二节　女性各年龄阶段的生理特点

在女性一生的发育过程中，其生殖系统的发育最为突出。在女性一生的7个阶段中，新生儿期、青春期及绝经过渡期是女性的过渡时期，胎儿期、儿童期、性成熟期和老年期则是女性的发育成型期。

一、胎儿期（Fetal Period）

成熟的胎儿最初由一个单细胞受精卵在母亲的子宫内发育38周而来。单细胞的受精卵是由来自父系和母系的23对染色体组成的新个体，其中在胎儿性发育中起决定性作用的1对染色体被称为"性染色体"（sex chromosome）。性染色体中的X和Y染色体决定胎儿的性别，若胚胎细胞不含Y染色体，则XX染色体合子发育为女性。胚胎发育6周后原始性腺开始缓慢分化，8—10周时出现卵巢结构。卵巢形成后，由于没有雄激素和副中肾管抑制因子，所以中肾管退化，两条副中肾管发育成为女性生殖道。

在此期间，胎儿的正常发育受到母体子宫内环境（小环境）和母亲所处的环境（大环境）的双重影响。因此，我们要保证母体的生活环境安全而舒适，膳食营养均衡，同时母体要进行适当的运动，保证胎儿处于平稳、安全、健康的环境中，避免或减少不利因素。

二、新生儿期（Neonatal Period）

成熟胎儿在出生4周后也就是大约1个月内称"新生儿期"。由于女性胎儿在母体子宫内受胎盘及胎盘所产生的雌激素影响，性器官早已形成，在其出生，脱离母体环境后，血液中的女性激素水平迅速下降。出生后数日内，女婴的乳房会略微隆起、肿大，阴道有少量血性分泌物排出，这些生理变化1周左右均能自然消退。这一时期，女婴身体发育迅速，身高及体重的增长速度很快。

这一阶段要做的主要是细心照顾新生儿，给新生儿提供舒适、温暖的生活环境，关注新生儿的健康，防止新生儿感染各类疾病及夭折。

三、儿童期（Childhood）

从胎儿出生后4周至12岁左右为儿童期，也称"幼年期"。儿童期又被划分为1周岁内婴儿期、1—3岁幼儿期、3—6岁学龄前期、6—10岁学龄期及10—12岁青春发育期5个阶段。儿童在10岁之前身体生长、发育快速，但生殖器官发育缓慢，仍为幼稚型：阴道狭长，抗感染力弱，容易发生炎症；子宫小，宫颈较长，约占子宫全长的2/3；输卵管弯曲且很细；子宫、输卵管及卵巢都位于腹腔内。10岁以后，女性生殖器从幼稚型逐渐向成人型过渡：卵巢形态逐步发育，变成扁圆形，卵巢内的卵泡受垂体促性腺激素的影响有一定的发育并分泌性激素，但不成熟、不排卵；子宫、输卵管及卵巢逐渐从腹腔向盆腔内下降，骨盆逐渐宽大；皮下

脂肪在胸、髋、肩部及耻骨部位堆积，乳房和内生殖器开始发育，女性的其他特征也开始出现。

这一阶段要注意儿童的营养补充和适当的锻炼，每天最少锻炼1小时，这会促进儿童的生长和发育。儿童天性喜玩，可以安排户外的游戏或活动，如跳舞等。但要考虑儿童特殊的生理机能，避免大强度的运动，同时要避免需要憋气的项目，例如游泳。

四、青春期（Adolescence or Puberty）

青春期指女性从月经初潮至生殖器官发育成熟的时期。女性的生殖系统在其出生以来长时间处于"休眠"状态。世界卫生组织（WHO）规定青春期为10—19岁。13—15岁时，女性身体发育出现第一次飞跃，身高呈直线加速生长，首次月经来潮，也称"初潮"。"初潮"是女性青春期到来的重要标志。

这一时期是女性从儿童到成人的转变期，是生殖器、内分泌系统、体格逐渐发育至成熟的阶段。在此期间，卵巢内卵泡发育成熟并排卵，性激素分泌增加，生殖器官进一步发育，从幼稚型转变为成人型。此时女性的生殖器官已经初步具有生育能力，但整个生殖系统的功能尚未完善；除生殖器官发育完善外，女性的第二性征也在发育完善，例如音调变高、乳房发育，出现阴毛及腋毛，骨盆横径发育大于前后径，以及胸、肩部皮下脂肪增多等。与此同时，肾上腺功能初现也意味着下丘脑—垂体—肾上腺雄性激素轴功能趋于完善。

在此期间，女性的身体快速发育，应加强营养补充，同时注意营养均衡。可以适当增加运动量，在力量、速度、耐力，以及柔韧、灵敏素质方面都可以有选择地进行锻炼。此外，这一时期孩子的世界观、人生观快速建立，心理波动、起伏较大，应注意加以引导，要格外关注女性心理方面的健康。

五、性成熟期（Sexual Maturity）

性成熟期性又称"生育期"。女性生殖器官的形态、功能及第二性征在进入青春期前发育缓慢，几乎处于"休眠"状态，进入青春期后发育加速。16 — 17岁女性生殖器官的形态、功能及第二性征均已发育成熟，卵巢生殖功能和内分泌功能进入女性一生中最旺盛的时期。这一时期会持续30年左右，下丘脑、垂体、卵巢轴有规律地运转，表现为周期性排卵和行经。

处在性成熟期的妇女性功能旺盛，卵巢功能成熟并分泌性激素，已形成有规律的周期性排卵，每月一次。生殖器各部分及乳房在卵巢分泌的性激素的作用下发生周期性变化，生殖器官发育成熟。25 — 30岁是女性生育高峰时期；30岁后，女性子宫的收缩力逐渐下滑，盆底肌肉和韧带逐渐松弛。

这一阶段是女性的巅峰时期，各种生理机能逐渐发育成熟，随后女性的生理机能会逐渐衰退。所以，女性在这一阶段要适当加大活动量来延缓各种生理机能的衰老速度；但在生理期、妊娠期、产褥期及哺乳期这些特殊的生理时期要根据个体的具体情况，适当减少运动时间和运动量。

六、绝经过渡期（Menopausal Transition Period）

绝经过渡期也称"更年期""绝经前期"，指女性开始出现绝经趋势直至最后一次出现月经的时期。其间卵巢功能逐步衰退，生殖器官开始萎

缩，月经紊乱，出现间歇性闭经，最后绝经。绝经过渡期通常发生在女性的45—55岁，一般持续2年左右，部分女性的这一阶段会延长，是女性由中年向老年过渡的阶段。

这一时期的主要表征是女性的卵巢功能持续衰退，卵泡数量减少且卵泡易发育不全，因而月经不规律，通常为无排卵性月经。最终由于卵泡自然耗竭或剩余的卵泡对垂体促性腺激素丧失反应，导致卵巢功能衰竭，月经永久性停止，即绝经。

在绝经过渡期，由于雌激素水平降低，部分女性可能出现血管舒缩障碍和神经、精神症状，主要表现为月经紊乱、潮热、出汗、心悸、失眠、眩晕、紧张、焦虑、敏感、抑郁等，临床称为"更年期综合征"，一般持续到绝经后的第二年或第三年，少数人绝经5年后或10年后症状才有所减轻或消失。更年期综合征会严重影响女性的身心健康和生活质量。

在此期间选择合适的运动项目，如户外项目或有氧健身操项目，不仅可以延缓衰老，而且可以放松心情，保持愉悦。根据刘倩《更年期女性减脂健身操舞运动处方制定与实施效果的研究》的研究结果，女性经过24周的健身操锻炼，其骨骼肌增长了2.72 kg，基础代谢率提高了78 kcal。同时，健身操锻炼促进了女性身体肌肉的增长。

七、绝经后期（Postmenopausal Period）

绝经后期也称"老年期"，指绝经后的生命时期。一般60岁以上的妇女正处在这一时期，其机体逐渐老化而进入老年期。此时期女性的卵巢功能完全衰竭，雌激素水平降到最低，不足以维持女性第二性征；生殖器官进一步老化、萎缩，子宫缩小，月经完全停止；毛发花白，牙齿脱落，视力下降，腰弯背驼；老年女性常因骨代谢失常引起骨质疏松，易发生骨折或骨质退行性病变。

在老年期，女性更要注意饮食和卫生保健，且要多参加健身锻炼，否则会多病缠身，影响晚年生活。在刘旋的《健身秧歌对老年肥胖女性身体素质的影响》一文中，老年肥胖女性在经过12周的健身秧歌锻炼后，肌肉力量、身体柔韧性、灵敏素质及平衡能力都有了一定的提高。

第三节　女性生理系统的特点

女性进行适量运动对身体有极大的益处，具体体现在：运动可促使血液循环加快、心输出量增加，提高心脏工作效率；可以使人体逐渐适应腹式呼吸，提高呼吸功能，提高氧的利用率；可以促进肠道蠕动，提高消化系统的效率；可以强化肌肉、骨和韧带，增加骨组织中的矿物质，提高骨密度，防止骨质疏松；可以延缓衰老、调节情绪、振作精神。总之，科学、适量的健身锻炼会在很大程度上促进女性身心健康发展。

女性生理系统在各方面都与男性有一定的差异，了解这些差异有助于我们有针对性地制订女性健身计划，取得很好的健身效果。

一、女性体型与身体成分的特点

在进入青春期前，由于儿童发育缓慢，女性与男性的差别不大。女性在9岁左右会步入青春期，比男性早2年。在此期间，女性开始迅速发育，

身高、体重都会快速超过男性。但在12岁后，男性飞速发育，在身高、体重、运动能力、肌肉力量等方面都会迅速赶超同龄女性。此后，女性除骨盆较男性宽，皮下脂肪较丰满且身体质量指数（BMI）较大外，其他各项形态机能指标均落后于同龄男性。

在体型方面，女性肩部、胸部较窄，骨盆较宽，下肢较短，躯干相对较长，这种体型的身体重心低，有利于保持平衡，对完成下肢平衡动作有利，但不利于跳跃和速度类项目的发挥。女性体内的脂肪主要堆积于胸部、腹部、臀部及大腿处，约占体重的 28%，远远多于男子（约占 10%）。女性皮下脂肪较多，身体显得丰满。女性皮下脂肪虽厚，但下腹对冷的刺激很敏感，故在冬季或月经期间要注意下腹部的保暖。

二、运动系统

人体非常神奇，各种系统确保身体正常、有序地运转，其中重要的系统之一就是运动系统，它可以控制人体完成各种动作，并提供支撑，同时具有保持身体平衡的作用。运动系统主要由骨、骨连结和骨骼肌三部分组成，主要功能是支撑、保护和运动，占人体体重的60% — 70%。骨和骨连结是人体运动系统的被动部分，骨骼肌则是运动系统的主动部分。

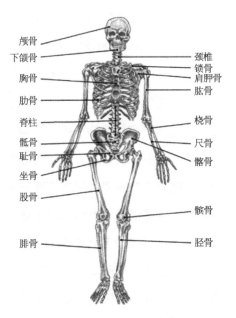

颅骨
下颌骨
胸骨
肋骨
脊柱
骶骨
耻骨
坐骨
股骨
腓骨

颈椎
锁骨
肩胛骨
肱骨
桡骨
尺骨
髂骨
髌骨
胫骨

图2-3   人体全身骨骼 [①]

成年人身体中一共有206块骨头，骨以各种不同的形式连接构成骨骼，人体所有的肌肉和器官都由骨骼支撑（见图2-3）。骨骼的主要作用是支持体重、保护内脏、维持身体形态等，并且为骨骼肌的附着提供了广阔的空间。但如果骨骼过于脆弱，一切都会分崩离析。同时，骨是人体重要的造血器官，且可以储存钙、磷等矿物质。骨骼肌是运动系统的动力装置，在神经系统的支配和统治下，收缩、牵拉所附着的骨以骨连结为枢纽，产生杠杆运动。运动锻炼可以促进骨骼生长，促使骨骼变得更加强壮。反之，久坐不动会导致骨骼停止重塑，从而变得单薄、脆弱。我们的身体和骨骼都需要通过科学的锻炼变得更加强壮、更加健康。

① 引自〔美〕克里斯蒂安·博格.精准拉伸：疼痛消除和损伤预防的针对性练习［M］.杨斌，王雄译.北京：人民邮电出版社，2016.

人体有600多块骨骼肌，运动锻炼时，肌肉会产生乳酸；如缺少运动，骨骼肌则会逐渐萎缩，从而导致疼痛。这些肌肉在使用或运动中非常容易疲劳，即便是日常生活中的搬椅子、做家务活等简单的活动，也有可能感到酸痛。运动时，要想笔直地站立，身体正面的肌肉与背部的肌肉的力量和长度必须相当，这样更容易保持平衡，准确地完成动作；如果部分肌肉缩短，就会形成弯腰、驼背的姿态。身体两端肌肉的关系（前后或左右）对于身体的功能和健康非常重要。肌肉不断收紧（例如在压力状态下）会导致肌肉失去弹性，逐渐僵硬，血液循环不畅。

女性运动系统的特点是：一般女性的骨骼细小，水分和脂肪含量多，无机盐含量较少，且女性骨密质厚度薄弱，抗弯能力差，但韧性好；女性骨骼的重量约占体重的15%。女性肌肉的重量一般约占体重的35%，少于男性的占比40%，且女性肌肉中的水分和脂肪含量较多，糖分少，所以女性的肌肉力量较男性弱。女性在上半身中尤其是肩部及前臂的肌肉力量远远弱于男性，所以在做引体向上、俯卧撑等悬垂和支撑负重的动作时比较困难。研究表明，女性上肢伸肌力量及腰部力量仅为男性的2/3，下肢爆发力为男性的3/4。当然，女性由于各关节囊及韧带的弹性大、伸展性较好，因而在灵活性、柔韧性等方面都强于男性。女性的柔韧性在儿童时期最容易通过锻炼得到发展，因此在女性的儿童期应该保持、增强对柔韧性的训练，否则其柔韧性会随年龄的增长而降低。

三、消化系统

消化系统主要由消化管和消化腺两部分组成（见图2-4）。消化管是从口腔到肛门的管道，分为口腔、咽、食管、胃、小肠（十二指肠、空肠和回肠）和大肠（盲肠、阑尾、结肠、直肠和肛门）六部分，这六部分形态各异，功能也各不相同。此外，人们通常把从口腔到十二指肠的这部分管道称为"上消化道"，把空肠以下的部分称为"下消化道"。消化腺包括口腔腺，肝、胰和消化管内壁的许多小腺体。根据体积和位置的不同，消化腺分为大消化腺和小消化腺两种。大消化腺位于消化管外，成为独立的器官，所分泌的消化液经导管流入消化管腔内，如大唾液腺、肝和胰。小消化腺分布于消化管内壁，位于黏膜层或黏膜下层，如唇腺、颊腺、舌腺、食管腺、胃腺、肠腺等。

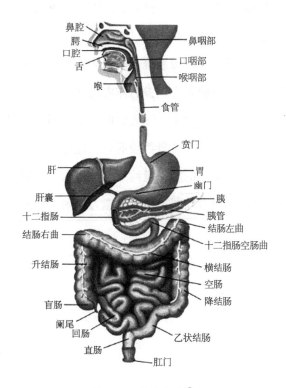

图 2-4　消化系统 ①

① 引自丁文龙，刘学政. 系统解剖学（第9版）［M］. 北京：人民卫生出版社，2018.

消化系统的主要功能是消化食物、吸收各种营养物质，为人体新陈代谢及机体活动提供能量；消化系统也具备内分泌功能和免疫功能。

四、呼吸系统

呼吸系统由呼吸道和肺两部分组成（见图2-5）。呼吸道包括鼻、咽、喉、气管、支气管等。通常上呼吸道指鼻、咽、喉等部位，气管和各级支气管则称为"下呼吸道"。肺由肺实质和肺间质组成。肺实质包括支气管树和肺泡，肺间质包括结缔组织、血管、淋巴管、淋巴结、神经等。呼吸系统的主要功能是进行人体内部与人体外环境之间的气体交换，即吸入氧，呼出二氧化碳。此外，呼吸系统还承担人体发音、嗅觉、神经内分泌等功能，且协助静脉血回流入心、参与体内某些物质代谢等。

女性的胸廓和肺容积都较小，呼吸肌肉力量较弱，使得其胸廓活动力度减弱，且肺通气和肺换气的总量都较低。女性呼吸深度浅，安静时呼吸频率略快于男性，而且女性的肺活量约是男性的70%。因此，女性在参与体育健身锻炼时氧供应能力较弱，其运动能力及耐力都不及男性。

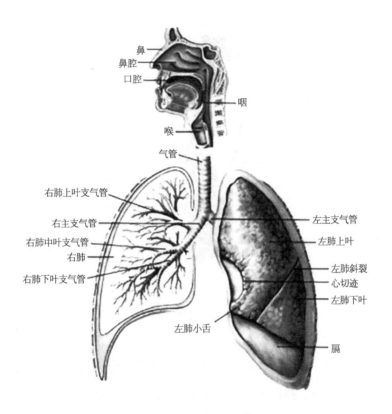

鼻
鼻腔
口腔
咽
喉
气管
右肺上叶支气管
右主支气管
右肺中叶支气管
右肺
右肺下叶支气管
左主支气管
左肺上叶
左肺斜裂
心切迹
左肺下叶
左肺小舌
膈

图 2-5 呼吸系统 [①]

五、泌尿系统

泌尿系统由肾、输尿管、膀胱和尿道组成，主要功能是排出机体在新陈代谢过程中产生的废物和多余的水，保持机体内环境的平衡和稳定（见图2-6）。在泌尿系统中，肾主要生成尿液，输尿管输送尿液至膀胱，膀胱储存尿液，最后尿液经尿道排出体外。

---

① 引自丁文龙，刘学政.系统解剖学（第9版）[M].北京：人民卫生出版社，2018.

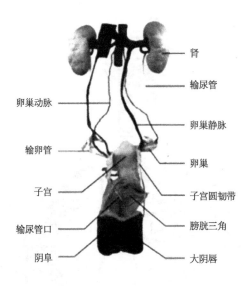

卵巢动脉	肾
	输尿管
输卵管	卵巢静脉
子宫	卵巢
	子宫圆韧带
输尿管口	膀胱三角
阴阜	大阴唇

图 2-6   女性泌尿系统 ①

人体在消化、吸收食物热量的同时，会产生部分废物和毒素，这些废物和毒素通过排汗、排尿和排便的方式排出体外。泌尿系统在人体正常的代谢过程中发挥着重要的作用。

六、生殖系统

女性生殖系统分为外生殖器和内生殖器两部分（见图2-7）。内生殖器由生殖腺（卵巢）、输送管道（输卵管、子宫和阴道）和子宫颈组成，主要位于盆腔内，其正常位置是由子宫韧带，子宫附近的器官，腹腔、盆腔内的一定压力决定的。卵巢是产生卵子、分泌雌性激素的器官，卵子成

---

① 引自陈尔瑜，张传森，党瑞山.人体系统解剖学实物图谱［M］.上海：第二军医大学出版社，2005.

熟后排出，经输卵管腹腔口进入输卵管，在管内受精迁徙至子宫，植入内膜，发育成胎儿，最后胎儿由子宫口经阴道娩出。外生殖器即女阴，包括阴蒂、大阴唇、小阴唇及前庭大腺。

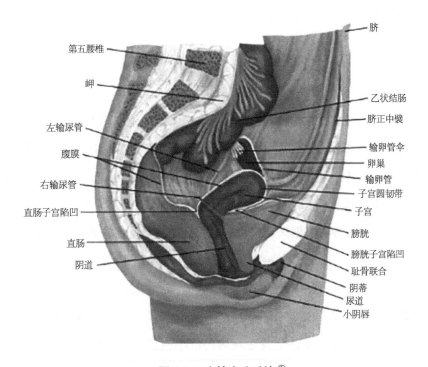

脐

第五腰椎

岬

左输尿管

腹膜

右输尿管

直肠子宫陷凹

直肠

阴道

乙状结肠

脐正中襞

输卵管伞

卵巢

输卵管

子宫圆韧带

子宫

膀胱

膀胱子宫陷凹

耻骨联合

阴蒂

尿道

小阴唇

图 2-7　女性生殖系统[①]

盆底肌在女性生殖系统中功能巨大，主要是因为女性腹腔和盆腔内向下压力的方向与骨盆出口平面几乎垂直，所以盆底肌会承受较大的腹压。倘若盆底肌不够紧张而有力，就会造成子宫位置改变，严重时有可能影响日后的生育。在进行体育锻炼时，要注重对盆底肌和腹肌的锻炼，使其变

---

① 引自丁文龙，刘学政. 系统解剖学（第9版）[M]. 北京：人民卫生出版社，2018.

得强劲而有力、弹性好、紧张性正常，可以承受足够的腹压，这对于保持子宫及其他生殖器官的正常位置是很重要的。关于锻炼腹肌和盆底肌的比较简单而有效的动作有很多，比如仰卧举腿、仰卧起坐、前后踢腿、摆腿、大腿绕环等。

七、心血管系统

心血管系统由心、动脉、静脉及毛细血管组成（见图2-8）。

女性心脏体积小于男性，心脏重量较男性轻10%—15%。女性的心脏容积为455毫升—500毫升，男性的心脏容积则为600毫升—700毫升，因而女性每搏心输出量也较男性少约10%。女性的心肌收缩力量较弱，调节心脏的神经中枢兴奋性较高，所以心搏频率每分钟比男性多2—3次。在进行健身锻炼时，女性主要靠加快心搏频率来增加心脏的每分输出量，因此女性的心脏储备能力（心输出量的扩大范围）也低于男性。女性的血压较男性低10%左右，运动时升高幅度较小，运动后血压恢复的时间也较长。此外，女性全身血液内的红细胞及血红蛋白含量都低于男性，因此女性血液运输氧和二氧化碳的能力都不及男性。

如果我们缺少对心脏的锻炼，心脏的功能就会逐渐衰弱、退化，阻碍血液循环。

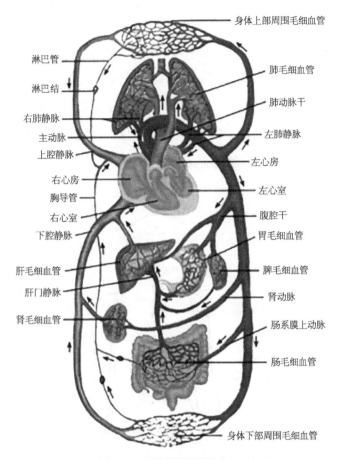

身体上部周围毛细血管

淋巴管

淋巴结

右肺静脉

主动脉

上腔静脉

右心房

胸导管

右心室

下腔静脉

肝毛细血管

肝门静脉

肾毛细血管

肺毛细血管

肺动脉干

左肺静脉

左心房

左心室

腹腔干

胃毛细血管

脾毛细血管

肾动脉

肠系膜上动脉

肠毛细血管

身体下部周围毛细血管

图 2-8　**血液循环系统** [①]

八、内分泌系统

　　内分泌系统由内分泌腺和内分泌组织组成（见图2-9）。内分泌腺的毛细血管丰富，无导管，分泌的物质被称为"激素"。激素直接进入血液，

---

① 引自丁文龙，刘学政.系统解剖学（第9版）[M].北京：人民卫生出版社，2018.

作用于特定的靶器官。内分泌腺包括垂体、甲状腺、甲状旁腺、肾上腺、松果体、胸腺、生殖腺（男性的睾丸、女性的卵巢）等。内分泌腺的血液供应非常丰富，与其旺盛的新陈代谢和激素的运送有关。内分泌腺的结构和功能有明显的年龄变化。内分泌组织以细胞团的形成分散于机体的器官或组织内，如胰内的胰岛、睾丸内的间质细胞、卵巢内的卵泡和黄体等。内脏、脉管等也兼具内分泌功能。

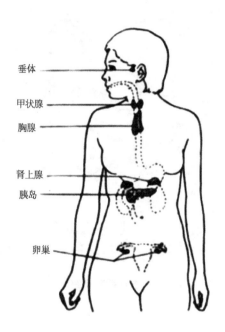

垂体

甲状腺

胸腺

肾上腺

胰岛

卵巢

图 2-9　女性内分泌系统

　　内分泌系统是机体的调节系统，与神经系统相辅相成，共同维持机体内环境的平衡和稳定，调节机体的生长发育和各种代谢活动，并调控生殖，影响各种行为。

第四节　女性的主要肌群

对人类而言，肌肉的作用至关重要，发达而有力的肌肉可以保护身体免受外界的伤害，是人体健康的重要标志之一。我们在进行健身锻炼的过程中，必须对肌肉有一定的认识和了解，这样才能制订出科学、实用的健身计划，才能正确、有效地完成锻炼动作，才能收获最大的锻炼效果。人体肌肉锻炼的作用在于增强肌肉力量、延缓衰老、强身健体、防治疾病，还可以有效防止驼背、斜肩等。

人体肌肉按照不同的结构和功能可以分为骨骼肌、心肌和平滑肌。我们进行健身锻炼时，主要关注骨骼肌，这是因为骨骼肌是运动系统的动力部分，其多附着于骨骼，分布于躯干和四肢。大部分骨骼肌受人的意识控制与支配，故又被称为"随意肌"。每块骨骼肌都有自己特定的位置、形态、结构及辅助装置，拥有丰富的血管和神经分布，具有不同的功能。

当然，我们并不需要详细、认真地认识并了解每块骨骼肌。人体中有600多块骨骼肌，但一部分肌肉与健身锻炼没有显著的相关性，所以没有必要耗时、耗力去认识每一块肌肉。我们需要做的仅仅是对主要肌肉群在人体中的位置、形态及其在运动中所发挥的功能有基本的了解。人体中的骨骼肌分为大肌群和小肌群。大肌群主要指胸大肌、臀大肌、腹直肌、股四头肌、小腿肌等大块肌肉群，是人体完成运动的主要肌群，力量大；小肌群则指颈部肌群、手部及腕部肌群、脚踝部及脚部肌群等小块肌肉群，是人体完成精细、复杂动作的主要单位，易疲劳且容易受伤。

一、胸部肌肉群

大多数女性并不想锻炼出太过突出的胸肌。但在健身锻炼的过程中，非常有必要重视对胸部肌肉的锻炼。针对胸部肌肉的锻炼有助于塑造并紧致三角肌和肱三头肌，增强上半身的力量，甚至可以帮助打开肩膀，促进女性乳房的坚挺及优美的身体姿态的形成。

胸部主要的肌肉是胸大肌（见图2-10）。胸大肌位于胸廓前上部的浅层，起于锁骨内侧2/3段、胸骨前面及第一至第六肋软骨前面，肌束聚合向外，以扁腱的形式止于肱骨大结节嵴。胸大肌是扇形的大块肌肉，有两个头，一个是位于胸部上半部分的锁骨头，一个是位于中间和下半部分的胸肋骨头，两个头都可以使双臂在锻炼中横跨身体的中线，比如做卧推动作。胸大肌把上臂拉向身体中间，主要功能是使肩关节内收、旋内和前屈。

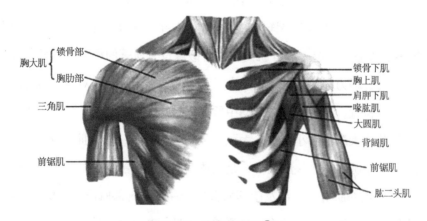

图 2-10　胸部肌肉群 [①]

---

① 引自丁文龙, 刘学政. 系统解剖学（第9版）[M]. 北京：人民卫生出版社, 2018.

胸小肌则是一块比较薄的三角形肌肉，位于胸大肌的深面。胸小肌起于第三至第五肋骨，附着在靠近肩关节的地方，止于肩胛骨的喙突。虽然严格来讲，这块肌肉也是"胸肌"，但它的主要功能是将肩胛骨拉向前下方，比如我们做哑铃上拉的背部练习。

前锯肌位于胸廓侧壁，是一块宽大的扁肌，包裹着胸廓。前锯肌起于上八肋或九肋外侧，肌束向后绕至胸廓侧面，止于肩胛骨内侧缘和下角。前锯肌的主要功能是稳定、旋转肩胛骨，通过耸肩这样的练习，它可以更加强壮。

二、背部肌肉群

当我们讨论女性身体的性感部位时，丰满的胸部、紧实的腹部，甚至是修长的双腿都会被提及，但我们往往忽略了完美的背部。拥有紧实的背部是呈现完美姿态的关键，上背部的肌肉可将肩部向下、向后拉，使女性身材颀长、站姿挺拔，而不是弯腰和驼背。同时，紧实的背部会让女性从正面看精神抖擞，而不是无精打采。

上背部是所有肌肉群中最为复杂的部分，包含了许多单独的肌肉（见图2-11）。这些肌肉中最大的一块是背阔肌，也是全身最大的扁肌。背阔肌是一对宽阔而扁平的肌肉，位于背的下半部及胸的后外侧，起于下6个胸椎及腰椎棘突，肌纤维向外上方集中，止于肱骨小结节嵴。背阔肌的肌纤维有多种不同的拉力角，取决于肌纤维具体的起始位置，但是主要功能还是使肩关节后收、内收及旋内，也就是可以把上臂从抬起的位置下拉到躯体的两侧（如背部下拉运动，以及向下、向后拉动双臂）。

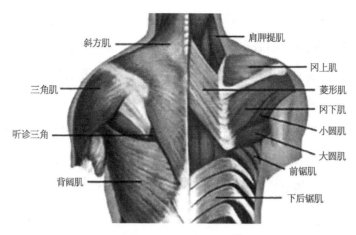

斜方肌 —— 肩胛提肌

冈上肌

三角肌 —— 菱形肌

冈下肌

听诊三角 —— 小圆肌

大圆肌

前锯肌

背阔肌 —— 下后锯肌

图 2-11　背部肌肉群 [①]

　　大圆肌通常被称为"背阔肌的小助手"，是一块位于背部上半部分的小块肌肉。大圆肌起于肩胛骨的外侧边缘，附着在上臂内侧，因此可协助背阔肌将上臂向下拉到躯干两侧。

　　斜方肌是一块三角形的扁肌，位于项部和上背部的浅层，左右两块斜方肌合在一起呈斜方形。斜方肌起于颅骨的底部，附着于脊椎和肩胛骨沿线的多个部位，止于锁骨外侧1/3处、肩峰和肩胛骨。由于附着物不同，斜方肌基本上可分为三种不同的肌肉，具体分为上部、中部和下部。其排列方式不同，承担着不同的功能：斜方肌上部负责肩部提升，也就是抬起肩胛骨，例如耸肩；斜方肌中部负责将两侧的肩胛骨拉近，并拉向背部中间，也就是参与肩胛骨的缩回，例如划船的动作；而斜方肌下部的纤维向上连接到肩胛骨，因此负责下拉肩胛骨，可通过侧平举和耸肩等练习来锻炼斜方肌。

---

　　①　引自丁文龙，刘学政.系统解剖学（第9版）［M］.北京：人民卫生出版社，2018.

菱形肌为菱形的扁肌，位于斜方肌的深面、上背部的中间部位，包括大菱形肌和小菱形肌。菱形肌起于部分颈椎和腰椎，止于肩胛骨内侧缘。菱形肌是连接于脊柱和肩胛骨上的小肌肉，有助于展示背部的各种肌肉细节，主要功能是协助斜方肌中部缩回肩胛骨，将肩胛骨拉得更近，向脊柱靠拢。

肩胛提肌位于项部两侧、斜方肌深面，是一块绳索状的肌肉。肩胛提肌起于颈椎横突，附着在肩胛骨的内侧边缘，止于肩胛骨上角和内侧缘上部。肩胛提肌与上斜方肌配合，起到上提肩胛骨的作用，使人完成耸肩动作。

下背部的主要肌肉有竖脊肌、多裂肌和腰方肌，这些肌肉的主要功能是保持肌肉稳定，并使肌肉向后弯曲和侧向弯曲，主要通过平板支撑、侧平板支撑等稳定性练习对其进行训练。

三、肩部肌肉群

肩部是最容易被看到清晰的肌肉线条的身体部位（见图2-12、图2-13），这主要是由于脂肪在肩部区域难以囤积。完美、健康的肩部使女性更加性感，使女性的腰看起来更加苗条，手臂更加健美。此外，强壮而健美的肩部使人体上半身的其余部分更加结实、有力。

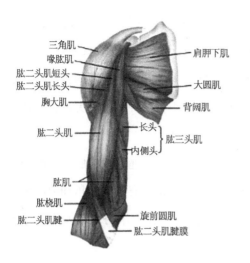

图 2-12　上肢肌与臂肌前群 [1]　　　　　图 2-13　上肢肌与臂肌后群 [2]

　　肩部主要的肌肉是三角肌，指上臂顶部的圆形肌肉，呈三角形。三角肌起于斜方肌的止点，即锁骨外侧1/3处、肩峰和肩胛骨，止于肱骨体外侧的桡骨粗隆。三角肌包裹下内侧的肩关节，形成肩部的圆隆外形。三角肌有三个不同的头，每个头都有各自的功能：三角肌前束弯曲并旋内肩关节，比如做在身体前方抬起手臂的动作；三角肌中束使肩关节能够外展，也就是向身体两侧抬起手臂，使之远离身体中线；而三角肌后束使肩关节伸展、旋外。

　　旋转肌又称"肩袖肌群"，包括冈上肌、冈下肌、小圆肌和肩胛下肌，可协助三角肌，并且在稳定肩关节中起着重要的作用。这些肌肉结合在一起可以使上臂的骨头位于肩关节臼中。顾名思义，这些肌肉可以使肩关节向内、向外旋转，还可以使肩关节向两侧抬起，对肩关节的稳定有重要的作用。

————————
　　①② 引自丁文龙，刘学政. 系统解剖学（第9版）［M］. 北京：人民卫生出版社，2018.

四、双臂肌肉群

　　双臂是最容易呈现锻炼效果的部位，它可以展现出肱二头肌和肱三头肌清晰的肌肉线条（见图2-14）。上半身，无论是肩部、胸部还是背部的练习动作，几乎都涉及双臂，这主要是因为几乎上半身的练习动作都需要使用手臂来进行辅助。

　　双臂的肌肉可分为前部（正面）肌肉和后部（背面）肌肉。手臂前部最独特的肌肉是肱二头肌，呈梭形。肱二头肌有两个头，长头起于肩胛骨盂上结节，短头起于肩胛骨喙突，两个头在手臂下部合并形成肌腹，止于桡骨粗隆。肱二头肌的两个主要功能是屈曲肘关节和旋后前臂。我们主要采用臂弯举动作对其进行锻炼，例如引体向上、划船等。

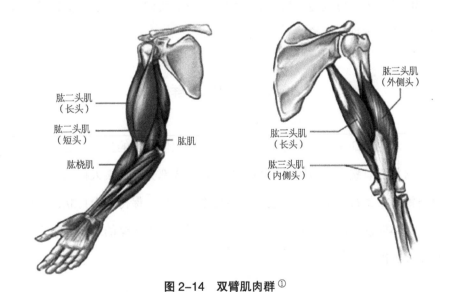

图 2-14　双臂肌肉群 [1]

---

　　[1]　引自〔美〕阿诺德·G.尼尔森，[美]尤卡·科科宁.拉伸运动系统训练（第2版）[M].王会寨，杨倩倩译.北京：人民邮电出版社，2018.

　　肱肌与肱二头肌相比不甚出名，但上臂正面凸起主要归因于肱二头肌和肱肌两个肌肉群。肱肌起于肱骨体下半部分前面，同样附着于前臂，止于尺骨粗隆。肱肌的主要功能就是帮助肱二头肌屈曲肘肱肌。

　　肱桡肌起于肱骨外上髁上方，止于桡骨茎突，附着于从上臂骨靠近肘部到靠近手腕的位置，主要功能是帮助肱二头肌弯曲肘关节、旋转前臂，但对肱二头肌的大小没有影响。

　　手臂后部的主要肌肉是肱三头肌，当线条清晰时，其呈现出马蹄形。肱三头肌有三个不同的头（肌腱），分别是长头、内侧头和外侧头。长头起于肩胛骨盂下结节，内侧头和外侧头分别起于桡神经沟的内下方骨面和外上方骨面，三个头向下会合形成肌腱，止于尺骨鹰嘴。肱三头肌的主要功能是伸展肘关节，使手臂从弯曲状态变为伸直状态。肱三头肌的长头交叉于肩关节处，可以协助肩关节后伸、内收。我们可以通过将上臂抬过头顶的动作对其进行锻炼。

五、腹部肌肉群

　　平坦的腹部是健美的身材的外部标志，也使女性的身体看上去更加健康，身材更有魅力。腹肌是核心肌的重要组成部分，在很大程度上会参与健身锻炼中的每一个动作，主要功能是稳定脊柱，保持躯干直立，也可以辅助人体向前、向后、向两侧弯曲躯干，同时对于人体的站立和坐直至关重要（见图2-15）。

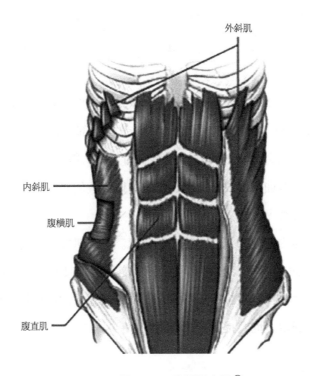

外斜肌

内斜肌

腹横肌

腹直肌

图 2-15　腹部肌肉群 [①]

腹直肌实际上由被称为"筋膜"的致密的结缔组织隔开的8个分段组成，位于腹前壁正中线两侧。腹直肌起于耻骨联合和耻骨嵴，向上止于胸骨剑突和第五至第七肋骨前面。许多人错误地认为腹直肌的上部和下部是两块独立的肌肉，可以进行单独的锻炼。由于腹直肌构造独特，所以整个综合体可以收缩为一个独立的单位，无法做到只锻炼其中一部分而不影响肌肉的其余部分。不过，如果具备强大的心肌联系，就可以通过改变脊椎运动点来实现只锻炼其中一部分。腹直肌的主要功能是与下背部肌肉伸展

<hr>

[①]　引自〔美〕阿诺德·G.尼尔森，〔美〕尤卡·科科宁.拉伸运动系统训练（第2版）［M］.王会寨，杨倩倩译.北京：人民邮电出版社，2018.

进行拉力对抗，保持脊柱稳定，保护腹腔脏器，保持腹内压。训练腹直肌和整体核心肌最好的方式是进行脊柱稳定性的练习，例如做平板支撑和侧平板支撑。

躯干两侧的腹部肌肉是腹斜肌，包括两块单独的肌肉：腹外斜肌和腹内斜肌。腹外斜肌位于腹前外侧浅层，从肋骨的上部开始一直延续至臀部；腹内斜肌位于腹外斜肌的深层。腹斜肌的主要功能是保护腹腔脏器，保持腹内压，协助弯曲身体或者向侧面扭转身体。腹斜肌的锻炼主要采用旋转练习及抗旋转练习，例如跪姿旋转下劈。

腹横肌位于腹内斜肌的深层，是一块扁肌。腹横肌在保护内部器官上起着核心作用，而且还可以协助调节肺部功能。由于其具有位置的独特性，所以锻炼时无法对其直接施加压力。腹横肌最重要的作用就是在健身锻炼时保持核心稳定，同时提供辅助力量。

六、髋部肌肉群

髋部前面的一组肌肉被称为"髋屈肌"，主要包括阔筋膜张肌、腰大肌及髂肌（见图2-16）。髋屈肌起于脊椎或骨盆，是身体核心的基础部分，也是人体核心肌的一部分。髋屈肌的主要功能是屈曲和旋外髋关节，主要采用反向卷腹、悬空抬腿等动作对其进行锻炼。

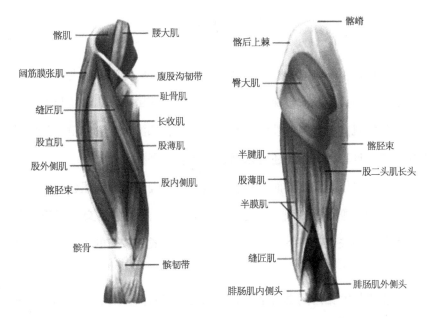

髂肌　　　　　腰大肌

阔筋膜张肌　　　腹股沟韧带

缝匠肌　　　　　耻骨肌

股直肌　　　　　长收肌

股外侧肌　　　　股薄肌

髂胫束　　　　　股内侧肌

髌骨

髌韧带

髂嵴

髂后上棘

臀大肌

半腱肌　　　　　髂胫束

股薄肌　　　　　股二头肌长头

半膜肌

缝匠肌

腓肠肌内侧头　　腓肠肌外侧头

图 2-16　髋肌、大腿肌前群及内侧群浅层与深层 [①]

　　髋部后面的主要肌肉是臀肌。臀肌包括三块单独的肌肉：臀大肌、臀中肌和臀小肌。臀大肌是臀肌中面积最大的部分，几乎覆盖了大部分的臀部，塑造了臀部的形状。臀大肌的主要功能是伸展髋关节，例如完成臀部后踢动作。臀中肌和臀小肌位于底部，附着在臀大肌的两侧。这两块肌肉的主要功能是帮助臀大肌向侧面抬起大腿，在腿伸直时向外旋转大腿，在屈髋时向内旋转大腿。臀肌是人体最大的、最有力的肌群，在健身锻炼时可以燃烧大量的卡路里。

---

① 引自丁文龙，刘学政. 系统解剖学（第9版）[M].北京：人民卫生出版社，2018.

七、大腿肌肉群

大腿肌肉群分为前侧、后侧及内侧群（图 2-16）。对大腿肌肉群来说，最有效的锻炼动作是深蹲和弓步。此外，深蹲还可以锻炼核心部位尤其是腹部的肌肉。有针对性的训练可以加强腿部的韧带和肌腱，使膝关节更加稳定，且不易受伤，还可以增强锻炼者的平衡性。

股四头肌位于大腿前面，是全身最大的肌肉。股四头肌包括四块单独的肌肉：股直肌、股外侧肌、股内侧肌和股中间肌。其交叉于髋关节上方，附着在膝关节的正下方，止于胫骨粗隆。股四头肌的主要功能是屈曲髋关节和伸展膝关节。

内收肌是大腿内侧也就是腹股沟处的主要肌肉。内收肌的功能是使大腿从伸开姿势变为收拢在一起，即髋关节内收。由于脂肪常常储存在这一部分，许多女性会直接借助内收肌器械来减少脂肪。有针对性的锻炼尽管有助于增强内收肌的功能，但是并不会直接除去脂肪。

大腿后侧肌肉被统称为"腘绳肌"。腘绳肌包括三块单独的肌肉：股二头肌、半腱肌和半膜肌。三块肌肉相互配合，可以使人屈曲膝关节，脚后跟靠近臀部，同时协助臀部进行髋关节伸展运动。股二头肌有助于向外旋转大腿，半腱肌和半膜肌有助于向内旋转大腿。强壮的腘绳肌可以使前交叉韧带更好地稳定膝关节，降低受伤风险。但腘绳肌力量较弱时，会扰乱身体的肌肉平衡，导致膝关节、髋部及下背部的疼痛和损伤。

八、小腿肌肉群

小腿包含两块独立的肌肉：腓肠肌和比目鱼肌，都位于小腿背部（见

图2-17）。它们的主要功能是伸展脚踝，如脚平放在地面上时做提高脚
跟的动作。主要的练习动作是提踵、深蹲、跳跃等。

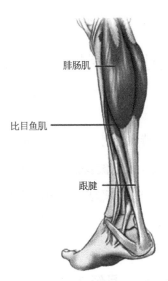

腓肠肌

比目鱼肌

跟腱

图 2-17　小腿肌肉群 [①]

　　腓肠肌接近皮肤表面，是一块菱形的肌肉。腓肠肌起于股骨内、外上
髁后面，止于跟骨。腓肠肌具有两个不同的头：内侧头和外侧头。内侧头
形成大部分的菱形块，位于膝关节部位的正上方；外侧头起于膝关节的另
一侧。两侧头在腿部中间结合，并在脚踝处与跟腱融合在一起。腓肠肌的
主要功能是将脚后跟从地面上抬起，即跖屈，同时可以屈踝关节和膝关节。
　　比目鱼肌隐藏在腓肠肌下面，位置较深，起于腓骨后面上部、胫骨比
目鱼肌线，同样止于跟骨，在跟腱处与腓肠肌结合。腓肠肌的主要功能是
屈踝关节。腓肠肌和比目鱼肌的锻炼动作无法明确区分，但若是通过屈膝

---

　　① 引自〔美〕阿诺德·G.尼尔森，〔美〕尤卡·科科宁.拉伸运动系统训练（第2版）[M].
王会寨，杨倩倩译.北京：人民邮电出版社，2018.

动作来锻炼小腿，在很大程度上可以单独锻炼比目鱼肌，这主要是由于比目鱼肌没有横跨膝关节。

第五节　女性特殊时期的健身锻炼

在女性的一生中，有几个特殊的时期，这些时期是女性生长、发育过程中特有的，表现出生理特点，因此健身锻炼的安排应该异于正常时期。本节将重点介绍月经期、妊娠期、哺乳期、产褥期等女性特殊时期的生理特点及健身锻炼时的注意事项。

一、月经期

月经是女性的生理特征，是女性生长、发育中正常的生理现象，指女性的子宫内膜脱落并出血，自阴道流出，一般以28—30天为一个周期，失血50毫升左右，持续3—7天。有规律的月经是女性生育的必要条件。随着身体的生长和发育，女性在十三四岁时出现月经来潮。首次来月经，医学上称"初潮"，"初潮"是女性青春期到来的重要标志。女性在经期一般不会出现特别明显的生理变化。部分女性在经期没有特殊反应，会正常度过；但多数女性会有心烦、失眠、水肿、腹痛、腰痛等反应。因而女性若在经期参加健身锻炼，选择运动项目要合适、恰当，运动负荷不宜过大。

女性在月经期适量进行锻炼对身体有益。锻炼可以改善女性功能状态，促进全身尤其是盆腔的血液循环，减轻盆腔充血；同时，运动时腹肌与盆底肌的收缩、放松交替进行，可以对女性的子宫起到一定的按摩作用，有助于经血的排出；丰富多彩的锻炼还可以调节大脑皮层的兴奋或抑制功能，从而减轻全身的不适。

但在月经期间进行健身锻炼时，应该选择温和、适宜的项目，例如健身体操、慢跑、徒步走、太极拳（剑）等。若有痛经现象，也可以选择具有医疗作用的康复体操，以减轻疼痛。温和的健身项目能调动人体的各个系统，使呼吸系统交换气体的功能增强、血液循环加快、运动神经系统兴奋、肌肉温度增高等，效果特别明显。

月经期应避免参与剧烈的运动，例如快跑、跳高、跳远、篮球等项目；月经期也不宜游泳，以免发生病菌感染。剧烈运动会使腹压增加，导致经血从子宫逆流进入盆腔，经血中的子宫内膜碎屑有可能进入卵巢中，形成囊肿，造成疾病。月经期间，若女性在健身运动后产生了剧烈的生理反应，造成经血量明显增多和腹痛，则应该停止运动。严重痛经、经期血量较多或经期严重紊乱的女性，在经期要停止一切体育运动。

二、妊娠期

妊娠期也叫"孕期"。女性在孕期最明显的生理特征就是子宫会随着胎儿的发育而逐渐增大，体重增加。妊娠期女性体重增长值及增长速率如表2-1所示：

表 2-1　妊娠期女性体重增长值及增长速率

妊娠前 BMI（kg/m²）	总增值范围（kg）	妊娠中晚期增重速率（kg/w）
低体重（<18.5）	12.5 — 18	0.51（0.44 — 0.58）

续表

妊娠前BMI（kg/m²）	总增值范围（kg）	妊娠中晚期增重速率（kg/w）
正常体重（18.5—24.9）	11.5—16	0.42（0.35—0.50）
超重（25.0—29.9）	7—11.5	0.28（0.23—0.33）
肥胖（≥30）	5—9	0.22（0.17—0.27）

注：双胎孕妇妊娠前体重正常者总增值范围为16.7kg—24.3kg，妊娠前超重者总增值范围为13.9kg—22.5kg，妊娠前肥胖者总增值范围为11.3kg—18.9kg。（参考来源：美国IOM 2009）

　　一个完整的妊娠期可以分为妊娠前期、妊娠中期和妊娠晚期（见图2-18），在不同的阶段要根据实际情况来安排健身运动。在妊娠期进行科学、有效的健身运动对于子宫中的胎儿及母体都非常有好处。适宜的健身运动有助于女性适应妊娠期的身体变化，促进全身的血液循环，以及胎盘的生长和发育；健身活动有助于减轻女性在孕后期的下肢浮肿，同时可以保持其良好的肌肉力量，促进女性顺利分娩。在妊娠期进行健身要循序渐进，量力而行。

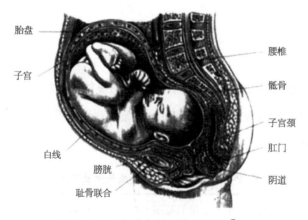

图2-18　孕妇腹部的正中矢状图①

————————

　　① 引自〔法〕Frederic Delavier. 女性健美训练图解［M］. 李振华，冯蕾译. 济南：山东科学技术出版社，2005.

妊娠前期，由于植物神经系统功能不稳定，孕妇常有嗜睡、头晕、恶心、呕吐、食欲不振等表现，胎儿在母体子宫中的位置还不固定。在妊娠初期操劳过度或剧烈运动，都会使盆腔和子宫过度充血，增加自然流产、宫外孕、先天性畸形及其他异常胎盘形成的概率。因此，妊娠初期的运动原则是小负荷，甚至可以把运动强度降低到母体所能承受的最低限度。小负荷的运动非但不会导致盆腔和子宫过度充血，反而会使机体适应能力提高，精神放松，呕吐等不适减轻，食欲增加。一般可以选择散步、徒手体操等简易的锻炼方式，主要目的是活动筋骨。

在妊娠中期，妊娠反应逐渐好转甚至消失，胎儿在子宫中的位置基本固定，流产的可能性大大降低。同时，由于胎儿的生长和发育，母体腹部逐渐隆起，体重增加，这加重了母体血液循环系统和呼吸系统的负担；且母体子宫重量增加，身体重心前移，为了保持平衡，孕妇将胸部和肩部后倾，腰向前挺，这样虽然可以保持身体平衡，但容易引起腰酸及关节酸痛。孕妇应持续有规律地进行健身运动，可以选择中等强度的有氧健身活动，例如每天散步半小时、做孕期体操及游泳，这些运动有助于增强孕妇腹部、背部及骨盆肌肉的张力，促进全身血液循环，调节植物神经系统的平衡。虽然妊娠中期的锻炼效果极佳，但还是要避免大强度、剧烈的健身活动，且不宜突然增加运动强度，而应坚持循序渐进的原则，尤其是对于妊娠前期疏于锻炼的孕妇。

在妊娠后期，胎儿基本发育成熟，孕妇身体臃肿，行动不便，易疲劳，此时进行健身运动有可能导致早产；因此，妊娠后期的女性在日常生活及运动中都要非常小心。妊娠后期的锻炼应本着强度较低、量力而行的原则，若感到疲劳，应及时停止运动，进行休息。可以选择户外活动，这有利于孕妇放松身心，保持适宜的体重，有助于胎儿骨骼的发育及母体骨

骼的健康，从而促进孕妇顺利分娩。

在妊娠期，进行健身锻炼的同时也要注意营养的补充，例如蛋白质、铁、碘、叶酸等。妊娠期女性在进行健身锻炼时，如果发现阴道流出水或血，下腹疼痛，应立即停止运动，并去医院检查，这些症状均属于流产征兆。如果发生胎盘前置、妊娠高血压、早期宫缩、羊水早破等情况，孕妇应该静养，不适宜进行锻炼。

三、产褥期

产褥期俗称"坐月子"。女性经十月怀胎顺利分娩后，生殖器官及身体其他部位在妊娠期发生的改变需要6—8周才能逐渐恢复，这个阶段就是产褥期。在妊娠期由于要供养胎儿，女性摄入了过多的营养，胎儿在母体中发育所导致的女性体重增加、身材变形，产后女性普遍存在的身材微胖、腰背部疼痛、盆底肌出现功能性障碍、生殖器官还未复原等问题，都需要在产褥期好好进行调理。

女性产后的身体调理和恢复是渐进且缓慢的过程，要坚持营养均衡和锻炼同步进行。产褥期运动主要围绕女性产后较松弛的腹壁和盆底肌肉组织，以及内外生殖器官因分娩而产生的一系列问题来进行安排。刚刚完成分娩的女性身体还比较虚弱，这时的运动量不宜过大，可以进行一些比较简单的康复运动，例如每天做产褥期保健操、散步等；产后5周左右，女性就可以尝试增加运动量，如慢跑等。产褥期运动可以促进血液循环，消除盆腔淤血，同时还可增强腹肌、盆底肌的力量，促进产后女性身体快速恢复。

女性在产褥期进行锻炼必须注意保暖、防风，以防感冒，要遵医嘱并根据自己的身体情况进行安排。在产褥期，女性如有产后体温过高、血压持续增高现象，严重的心、肺、肝、肾疾病，感染的情况等均不适宜进行健身锻炼，应以静养、休息为主。

四、哺乳期

哺乳期指女性产后用自己的乳汁喂养婴儿的阶段，一般持续10—12个月。在妊娠期营养过剩，在哺乳期仍需为了婴儿继续增加营养，这便会导致女性产后肥胖，体脂堆积过多。因此，哺乳期的女性可坚持有规律的健身锻炼，如跑步、做有氧健身操等，同时还可以对腹肌、盆底肌、腰部肌肉等需要恢复的特殊部位进行有针对性的训练。在哺乳期进行有效的健身锻炼可以促进女性体内脂肪的消耗，使其逐渐恢复体形，同时增强其心血管系统的功能，促进血液循环，维护身体健康。

一般而言，在产后进行健身锻炼要遵循适时、适量、循序渐进的原则，以恢复调理为主，以增强体质为辅。产妇若有贫血、便秘等症状，不可进行大强度的减肥锻炼，应该加强营养的补充。

五、更年期

前文已经叙述过绝经过渡期也称"更年期"，更年期指由于卵巢功能衰退，生殖器官开始萎缩，女性体内雌激素减少，开始出现绝经趋势直至最后一次出现月经的时期，是女性从中年进入老年的转折时期。更年期发生在女性的45—50岁，持续4—5年，有时会持续6—7年，甚至更长。

在更年期，女性的身体形态、内分泌系统、心血管系统、骨骼系统等

都发生了变化。在身体形态方面，由于雌激素减少，女性身体代谢失常，腰腹部、臀部及大腿处堆积的皮下脂肪逐渐增加，体重增加，乳房萎缩并下垂，身体曲线发生变化，逐渐臃肿，精神面貌下降。同时，由于卵巢功能退化，卵泡数目逐渐减少直至消失，雌激素明显减少，甚至引发内分泌系统功能失调、代谢紊乱、植物神经平衡失调。心血管方面可表现为血管舒缩功能失调，血压波动明显，主要表现为收缩压升高，伴有心悸、头晕、恶心、呕吐等症状。在骨骼方面的变化主要是骨量迅速丢失，易发生骨质疏松。更年期女性多有关节疼痛症状，主要发生在颈椎、膝、肩等关节。同时，在更年期女性的最大摄氧量、肌肉力量、爆发力、柔韧性等均明显下降。

大多数女性可以顺利适应更年期的生理变化，但个别女性可能出现一系列以植物神经功能失调为主的症候，如烦躁、易怒、抑郁、头痛、失眠、心悸、阵发性发热、潮热、出汗、脸颊潮红、血压不稳定等，这些症状在医学上被称为"更年期综合征"。更年期综合征持续数年后，症状才会减轻或消失，严重影响了更年期女性的身心健康和生活质量。

更年期女性进行运动锻炼，应从自身特殊的生理规律出发，健身的目的主要是保持身体健康、心情愉悦，因此选择的健身活动可多种多样，户外活动及集体娱乐活动都不失为绝佳选择。对于健身项目，应主要选择一些性质温和的，例如太极拳、广场舞、慢跑等，避免激烈的健身项目，以免造成损伤。在更年期进行健身锻炼可以促进女性的身心健康，缓解更年期症状，同时预防、减轻中老年的一些病症，例如关节疼痛、骨质疏松等，还可以促进女性新陈代谢，消耗更多的能量，减轻皮下脂肪的堆积。

更年期女性在进行健身锻炼时必须做好充分的准备活动和放松、整理活动，防止突然剧烈运动造成心慌、气促、晕倒等。同时还应避免超负荷运动，若剧烈运动、抓举重物则可能挤压腹部，引起卵巢破裂，从而出现下腹部疼痛，甚至波及全腹。

六、老年期

身体机能发育到达顶峰后，随着年龄的增长，女性身体的各项机能会逐渐衰退。进入老年期后，女性的生理机能会迅速衰退，尤其体现在身体形态、心血管系统、呼吸系统、运动系统等方面。

在身体形态方面，老年人的外在表现是毛发花白、牙齿脱落、皮肤松弛、出现皱纹、视力下降；进入老年期后，人的脊柱间隙逐渐减小，脊柱逐渐变短，脊柱后凸导致驼背，下肢弯曲，身高会降低；由于绝经后女性体内的雌性激素减少，老年女性腰腹部脂肪堆积，体形偏胖。

在心血管系统方面，随着年龄的增长、身体机能的逐渐退化，老年人血管内弹性纤维渐渐减少直至消失，血管壁发生异常钙化；心肌能量合成酶的活性降低，心肌细胞凋亡速度加快，心肌萎缩加速，血液流动减慢，血压调节能力减弱，容易引起心脏供血不足甚至缺血，造成心肌缺氧，导致心肌梗死、脑血栓等心脑血管疾病。

在呼吸系统方面，老年人的呼吸肌、胸廓骨骼及韧带逐渐萎缩，肺泡、气管和支气管弹性下降，导致呼吸功能明显下降，呼吸肌力量减弱，肺的扩张和收缩能力逐渐下降。同时，由于肺泡数量大大减少，有效气体交换面积减小，静脉血更新肺部氧气、排出二氧化碳效率减弱，氧的利用率大大下降。

在运动系统方面，老年人由于骨代谢失常，骨骼出现脱钙现象，导致骨的弹性、韧性及密度降低，易发生骨折、骨质疏松或骨质退行性病变；

此外，由于肌肉蛋白合成能力降低，肌纤维数目减少，肌球蛋白酶活性降低，肌细胞内的线粒体数量减少，肌肉摄氧量减少，肌肉收缩力减弱，老年人容易出现疲劳现象。

由于老年女性的身体形态及生理机能都在持续老化，因而在此期间进行健身运动主要是为了延缓衰老，促进身心健康。在运动项目的选择上建议以舒缓的太极拳、八段锦等健身气功，以及广场健身舞、慢跑等为主。在老年期进行健身锻炼可以强化人体的心肺功能，强身健体，提高免疫力，提高机体对外界环境的适应能力，同时可以丰富老年人的业余生活，加强其人际交往，有效提高其生活质量。

在老年期进行健身锻炼应持之以恒、循序渐进，"三天打（捕）鱼，两天晒网"或是搞"突然袭击"会得不偿失，甚至有可能适得其反。若出现感冒、发烧等症状则应该暂停运动。

第六节　女性特殊肌肉群 —— 盆底肌肉群

盆底肌肉群是封闭女性骨盆底的肌肉群（见图2-19）。盆底肌肉群由内外三层组织组成：外层为浅层筋膜和肌肉；中层即尿生殖膈，由上下两层坚韧的筋膜及一层薄肌肉组成；内层由肛提肌及筋膜组成，是最坚韧的一层。肛提肌是成对存在的扁阔肌，包括耻尾肌、髂尾肌及耻骨直肠肌，起于耻骨后面和坐骨嵴，止于会阴中心腱和尾骨处。

在人体中，盆底肌犹如一张吊网，它围绕在尿道、阴道和直肠开口的周围，尿道、膀胱、阴道、子宫、直肠等下腹部脏器都被这张"吊网"紧紧网住，从而保持正常的位置，以便控制正常的性功能、排尿和排便功能，并保持女性阴道的紧绷。此外，盆底肌犹如一条弹簧，将耻骨、尾椎等连接在一起。女性盆底的支持结构主要是韧带、盆底肌肉及筋膜组织，一旦盆底肌肉群松弛、弹性变差，则可能导致"网"内的脏器移位，无法位于正常位置，从而出现一系列的功能障碍，例如大小便失禁、盆底脏器脱垂等。

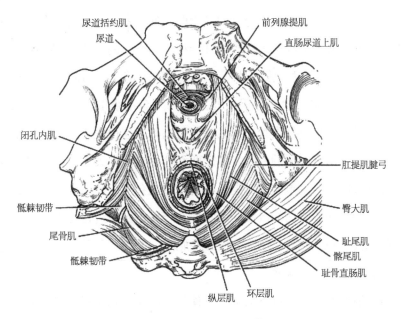

图 2-19　盆底肌肉群 ①

中老年女性极易患女性盆底功能障碍性疾病（PFD），这是骨盆腔支持结构损伤或退化造成的疾病，主要表现为尿失禁、子宫脱垂、阴道壁膨出、排便障碍、慢性盆腔疼痛、女性性功能障碍等。尤其是压力性尿失

① 引自崔慧先，李瑞锡. 局部解剖学（第9版）[M]. 北京：人民卫生出版社，2018.

禁，表现为一旦打喷嚏、大笑引起腹压增高，尿液就会不自主地漏出，严重影响女性患者的身心健康和生活质量。随着生活质量的提高、人类寿命的延长，盆底功能障碍性疾病对妇女尤其是中老年女性的健康危害极大，是常见慢性疾病之一。

盆底障碍性疾病主要由盆底组织损伤和退化引起，年龄的增长并不是女性盆底肌逐渐松弛的主要原因，妊娠和分娩才是盆底肌损伤、退化的最主要因素。女性十月怀胎，随着胎儿在母体内逐渐发育并长大，子宫在盆腔内的位置逐渐变得垂直，脊柱向前弯曲，使得盆腔逐渐受到向前下方的压力，加上盆底的神经肌肉和胶原纤维在孕期激素的影响下逐渐扩张、伸展，"吊网"本身会发生张力性松弛，以适应阴道分娩的需要。但如果孕妈妈体重增长过多、胎儿体重过大，"吊网"会不堪重负，从而出现相应的功能障碍，如大小便失禁、盆底脏器脱垂等。这也就是很多人会在孕期或者剖宫产后出现漏尿的原因。妊娠期女性体内激素失调、体重的明显增长会对盆底肌肉产生重要的影响，而阴道分娩会进一步加重孕期盆底组织已有的解剖和功能方面的改变。若女性在产后不及时进行适当的运动，盆底肌肉就会松懈。此外，酗酒、向心性肥胖、便秘、盆腔手术等因素也会造成盆底功能障碍性疾病。

适当地对盆底肌肉进行锻炼可以预防、治疗盆底功能障碍性疾病。经典盆底肌锻炼也称"凯格尔（Kegel）运动"，指有意识地对以肛提肌为主的盆底肌肉进行自主性收缩训练，即做收缩肛门和阴道的动作。进行凯格尔运动的步骤及注意事项如下：

1.首先准确地找到盆底肌：最简单、有效的方法就是排尿中断法，小便时突然停止。此时你感到尿道周围有股力量在憋尿，这股力量就是盆底肌收缩而产生的。在进行凯格尔运动之前，需要排空膀胱。

2. 避免腹肌和臀肌参与：把手放在肚子上感受腹肌的运动，如果在进行凯格尔运动时感到腹部明显发紧，说明腹肌参与得过多；关于臀部肌肉的检验方法与腹肌一样。在进行凯格尔运动时，腹肌、臀肌和身体的其他肌群都应保持放松状态，若其他部分肌肉挤压、绷紧，不仅会减弱锻炼效果，而且会增加盆底的压力。

3. 收缩、放松都重要：在进行凯格尔运动时，可以以3秒为基础，每次收紧不少于 3 秒，然后慢慢放松。此后，可以逐渐将练习时间延长到 5 秒、10秒，重复进行练习，但不要过度练习。每次收缩后都应慢慢放松，切忌立刻放松。若收缩后不懂得如何完全放松，就会使盆底肌处于过度紧张的状态，时间长了会引发肌肉疲劳甚至痉挛，损伤盆底肌，还可能出现尿频、尿急等情况。

4. 循序渐进地改变练习方式：可以由躺姿练习开始，这是最容易完成凯格尔运动的一种姿势，盆底肌需要承受的压力较小。熟练掌握了凯格尔运动后，可以尝试逐渐改为坐姿或站姿练习。

5. 锻炼要持之以恒：对盆底肌的锻炼要循序渐进、持之以恒，每天至少要坚持15分钟，4 — 6周后情况会有所改善，3个月左右以后才能达到增强盆底肌的效果。

此外，跳绳运动对盆底障碍性疾病的预防和治疗也有不错的效果，可以有效地锻炼盆腔肌肉群。跳绳运动同样也要循序渐进、持之以恒，才会产生理想的效果，可以由每天的5分钟增加到30分钟。且在跳绳运动过程中，有节奏的振动刺激可以有效改变女性盆底肌的自控能力。

随着对高水平、高质量生活的追求程度不断加深，盆底肌功能障碍确实给女性的生活带来了很多不便之处，尤其对中老年女性的身心健康有很大的危害。所以，我们必须做到对盆底肌肉群早关注、早锻炼。

不同健身锻炼项目
对女性身心健康的影响

健康是每个人成长和实现幸福生活的基础，推进"健康中国"建设是我国实现"两个一百年"宏伟目标的必然要求。习近平总书记指出，没有全民健康，就没有全面小康。综合信息调查显示，中国女性人口已占中国总人口的48%以上，庞大的女性群体的身心健康发展对健康中国宏伟蓝图的实现有着举足轻重的作用。重视女性、关爱女性身心健康发展是评价"健康中国"的重要指标之一，女性在重视自身的身心健康方面更应责无旁贷。

体育在实现"健康中国"发展中起着重要的作用。毛泽东在《体育之研究》中认为，体育的作用在于"强筋骨""增知识""调感情""强意志"，展示了毛泽东早期"健身强国"的体育思想。在全面建成小康社会的道路上倡导全民热爱体育、全民参与体育；在体育健身锻炼中增强国民体质，提高健康水平将是体育运动对中国现代化发展的重大贡献。

在女性健身锻炼的可视化图谱分析中，松家萍等人的研究显示，不同年龄段女性对健身锻炼项目表现出不同的偏好："90后"女性倾向于球类运动、体育舞蹈和健美操项目，"80后"女性倾向于球类运动、跑步、散步、体育舞蹈、健美操及瑜伽项目，"70后"女性倾向于球类运动、跑步、散步、体育舞蹈和瑜伽，"70前"女性倾向于球类运动、跑步、散步和太极拳项目。在健身锻炼的空间选择中，"90后"和"80后"女性更倾向于选择专门的体育场馆或体育俱乐部，"70后"和"70前"女性则更倾向于选择公园。①

本章将对适合女性的健身运动项目的健身效果进行梳理和分析，帮助女性更好地选择健身锻炼项目，在健身锻炼中全面促进其身心健康发展。

第一节　健美操

有氧健美操自从20世纪70年代传入我国后，因动作丰富多样、重视力度的时效性及针对性，并且在音乐的旋律中完成动作，节奏性强，动作简单易学而备受女性的欢迎，成为现代女性健美、塑形的首选运动项目。其锻炼价值也受大众的重视。有氧健美操对女性的身心健康的重要意义主要表现在以下几方面：

1. 有氧健美操锻炼可以有效减少女性皮脂，改善女性体形，并具有提高女性的运动系统、呼吸系统、心血管系统及消化系统功能的作用。② 相关研究显示，进行3个月的健美操运动可以有效改善女性的身体形态及

---

① 松家萍，白琳.城市不同年代女性体育消费的实证分析［J］.体育与科学，2012（3）：90–94.

② 卢吉.有氧健美操锻炼对中年女性身心健康影响的研究［J］.科技信息，2012（31）：356+425.

心肺功能。[①] 实验证明，每周3次，每次40分钟 — 60分钟，心率控制在60% — 80%范围之内的有氧健美操锻炼可以有效改善青年女性的身体围度和心肺功能。健美操可以改善呼吸系统的功能，主要是由于健美操运动动作幅度较大，动作内容灵活多变，前后动作衔接紧密，且髋部动作较多，通过髋部带动上下肢共同完成运动。这样一种能够带动全身运动的项目会增加能量的消耗，加快人体新陈代谢，同时也需要更多的氧气来完成动作。此时，必须加快呼吸，通过加大呼吸肌的收缩力量和幅度来获得更多的氧气，提高、改善人体吸氧、运氧、贮氧的能力。[②]

2. 健美操运动可以促进女性的血液循环，加强其心脏功能。心血管系统的供能能力对人类有着重要的作用，心脏作为心血管系统的动力源，可以通过心血管系统将血液供给到全身各个部位，通过一系列复杂的过程将体内的废物排出。健美操运动具有一定的运动负荷，节奏感强，能够带动全身的各个部位参与运动，从而调动全身各个器官及系统的运动。运动改善了心肌收缩力，综合锻炼了心脉频率和静脉血管的紧张性，从而达到了增大心输出量的效果，增强了心脏的功能。

3. 健美操运动可以有效地增强女性的有氧耐力，以及有氧运输系统、氧利用系统的机能。通常，完成一套健美操需要的时间为2分钟 — 5分钟，在这段时间内，由于需要不停地变换动作或队形，完成整套健美操的运动强度还是非常大的。从生理系统供能方式来看，整套健美操的动作中，前半套主要是无氧供能，后半套以有氧供能为主，因此，参加健美操运动可以有效促进练习者的有氧耐力。经常做长时间、低强度的运动，可

---

① 张璐.有氧健身操对青年女性身体形态和心肺机能的影响［J］.怀化学院学报,2010(5)：116–118.

② 俞欢春.浅谈健美操锻炼对女性的影响［J］.科技信息，2010（17）：418–419.

以延长心脏的舒张期，增加心脏的充盈量，有利于提高心脏的供血功能，增强心肌细胞酶的活性，增强氧和能量的利用率，避免出现心肌缺血。健美操运动的持续时间一般为40分钟—65分钟，最高心率可达170次/分钟，平均心率为140—150次/分钟，主要以有氧供能为主，因此长期参加健美操锻炼可以有效改善有氧运输系统及氧利用系统的机能。

4.健美操锻炼可以使女性身体的各个关节都得到充分的活动，各部分肌肉也得到均衡的发展，有利于促进柔韧性、力量性、协调性、灵敏度等身体素质的全面发展。健美操运动可以促进肌腱和韧带中细胞的分裂和增殖、肌纤维的增粗和纵裂增殖，会使肌肉的体积、重量增加，进而改变人体的肌肉形态，使力量不断增强。肌纤维的增粗也会增大最大收缩力和张力，提高肌肉的工作效率，增强肌肉的生命力及生理能力，从而提高练习者的协调能力及运动水平。

5.参加健美操锻炼能够有效促进女性的心理健康。健美操运动是在音乐的旋律中进行的，可以有效激发人们的情绪效应。动作与音乐的完美结合，使锻炼者能够在锻炼的过程中享受体育的艺术美，熟练掌握节奏和韵律，不仅可以促进其身体健康，也会促进其心理健康。长期坚持有氧健美操锻炼可以提升中老年女性的心理素质、内在气度及良好的社会意识。女性在优美、欢快的音乐中完成健身锻炼，在体育、艺术的感染下获得心理满足，这样可以促进她们对美的追求，使她们拥有正确的人生观、价值观、世界观及审美观，同时使她们的情操得到陶冶。有关研究也指出，健美操运动不仅能够使参加的人保持积极、乐观的心态，而且能够有效干预抑郁、焦虑等不良情绪。①

----

① 王晓琴.大众健美操对女性身心健康的影响［J］.长春师范学院学报（自然科学版），2009（8）：98-100.

一些在教练员的指导下集中参加健美操运动的女性，不仅可以得到系统的健身锻炼，更能够增强自信心、独立性、责任感及集体荣誉感，有助于其建立良好的人际关系。健美操运动受到女性的强烈追捧也正是因为这项运动符合女性对美的追求，因此，健美操运动是当下能够全面而有效地促进女性身心健康的运动。

练习前警示：

1.要想通过健美操锻炼达到塑造形体、强身健体的功效，在练习的过程中就应该正确把握健美操的训练内容，按照规范动作进行正确的练习。在练习的过程中要避免急功近利，急于追求健美操产生的效果而忽视了正确的动作及良好的姿态的形成。

2.健美操锻炼最好在专业教练员的指导下进行，要重视身体正确的基本姿态，保证基本动作高质量地完成。

3.女性在练习健美操的过程中要重视对肌肉力量的训练。多数女性对"肌肉"训练偏见，因此排斥对肌肉力量的训练。相关研究显示，骨骼肌的活动对代谢率有显著的影响，肌肉力量训练在一定程度上能够增加骨密度并提高基础代谢率，而女性在基础状态下的代谢率低于男性，因此女性在进行健美操锻炼时加强肌肉力量训练是非常有必要的。

第二节　太极拳

作为中华民族一项传统的体育项目，太极拳动作简单易学。其动作柔和，意领身随，以腰为轴，上下相连，虚实分清，能够活动气血，内外兼顾，身心交修，使意识、动作、呼吸三者紧密相合。经常练习太极拳能够有效调整全身多个系统。[①] 太极拳对场地及外界环境的要求相对较低，音乐相对于广场舞较柔和，比较符合老年女性的生理特点及健身需求。

太极拳是现代女性尤其是中老年女性保养、健身的重要手段。女性由卵巢功能退化而引起的从生育期向老年期的过渡必然经历更年期这一生理阶段。在这一阶段，女性的身体机能逐渐退化，雌激素分泌水平明显下降，黄体生成素水平升高，由此导致钙盐沉积、成骨机能受限，骨质出现退行性变化，骨密度急剧下降。除此之外，更年期女性还经常出现心理状态波动的症状，在身体机能退化及心理状态每况愈下的双重压力下，她们经常出现一些焦虑症状，严重者会影响日常生活。近几年来，伴随工作、家庭的双重压力，提前进入更年期阶段的女性越来越多。据统计，我国有近3亿40岁以上的女性，而其中有一半女性正处于更年期阶段。预计到2030年，我国更年期女性将超过2.1亿人[②]。改善焦虑症状已经成为更年期女性保健的重点。[③] 国内外科学研究也表明，有规律的体育锻炼对更年期女性保持生理及心理健康都有很大的帮助。有规律的锻炼是改善更年期症状的有效措施，研究显示，太极拳能有效改善更年期女性的焦虑症状。

对更年期女性来说，找到有效的途径来调节这些焦虑症状尤为重要。太极拳作为我国传统的体育项目，被认为是修身养性的最好方法，其运动特点很适合更年期女性。有实验以20名处在绝经期的女性作为实验对象，实验组进行每周3次、每次60分钟的24式太极拳运动，12周之后，同对

---

① 孙中原.太极拳运动对中老年女性跟骨骨密度和反应时的影响［J］.当代体育科技，2018（22）：6-7.

② 胡浩.国家卫计委提出关爱更年期女性5项倡议［N］.燕赵都市报，2016-10-21（15）.

③ PINAS I, DEEG D. Redirecting Focus to Menopause Care and Adequate Management of Symptoms［J］.Maturitas, 2015（1）：122-122.

照组的焦虑情绪进行比较。结果显示，参加太极拳练习的实验组整体更年期症状都得到了有效的改善。除此之外，太极拳对女性身心健康的影响还体现在以下几方面：

1. 太极拳是当下老年女性加强平衡力、预防跌倒损伤、提高活动能力的主要项目之一，对改善老年人的下肢肌力等有很大的作用。实验研究表明，长时间练习太极拳的老年女性的静态平衡能力能够得到明显的改善，而且练习太极拳能够有效增强练习者的下肢肌力、本体感觉、平衡能力及神经肌肉的控制力，从而有效改善老年女性因衰老而产生的生理指标减退的现象。①

2. 长期练习太极拳还可以有效提高中老年女性的根骨骨密度值，对预防骨质疏松等有积极的作用，可以有效缩短中老年女性的反应时间，提高其灵敏素质。从生理角度看，人从40岁开始，骨骼就面临逐渐老化的问题，骨量也会随之下降。进入老年，人的关节及肌肉就会出现老化现象，进而影响运动能力，并伴有一些关节酸痛、腰背酸痛，以及骨折等风险。对长期坚持练习太极拳的女性所进行的骨代谢研究显示：长期坚持练习太极拳的女性的密度得到了有效提高，骨的强度也随之很好地适应机械载荷和应力刺激。同时，骨细微结构的适应性及骨代谢的调节能力会得到提高，体内各种性激素水平也会发生适应性改变。②

3. 太极拳可以有效增强呼吸系统功能。练习太极拳时采用以腹式呼吸为主、胸式呼吸为辅的呼吸方法，要求呼吸深、长、细、匀，气沉丹田，

---

① 王哲培，张凯，保罗，汪毅，白震民.太极拳对老年女性下肢静态平衡、本体感觉与功能活动的影响［J］.中华老年骨科与康复电子杂志，2018（5）：296–301.

② 李露，杨国凤.浅析太极拳对老年人的健身机制［J］.武术研究，2018（2）：80–81+90.

呼吸与动作协调。我国古代医学家早就发现了腹式呼吸具有祛病延年、心血回流的功效。腹式呼吸通过横肌膜的上下移动增大胸廓容积，加大呼吸深度，可以吸入更多的氧气，使胸压和腹压平缓，提高肺的通气率和换气率；运动、呼吸结合，可促进血液循环，加快气血将营养物质运输到身体各个部位的速度，起到通经活血的作用。通过对39名练习太极拳的老年人进行实验研究，得出，一定负荷的太极拳练习尽管不能改善年纪增长所致的老年人呼吸耐力下降，但是其肺通气量可以得到明显的提高。[①] 选择在空气中有大量负氧离子的时间段练习太极拳，对慢性支气管炎、哮喘、肺结核等呼吸系统疾病也有良好的缓解作用。

4. 太极拳可以有效降低心血管疾病发生的概率。心血管疾病对老年女性来说也是一种很大的威胁。随着年龄的增长，人体的各器官也随之退化，心血管功能下降，出现动脉血管硬化、心肌缺血、高血压等现象。进行太极拳运动可以放松人体各个部位的骨骼肌；腹式呼吸可以增大腹压，促进静脉的血液循环，增加静脉回心血量并保证右心室血液充盈，使心肌处于营养状态，避免心肌缺血。长期练习太极拳可以增加动脉血管平滑肌细胞数量，加粗弹力纤维，增厚血管，让动脉血管保持良好的弹性，能够有效预防动脉硬化和高血压，降低发生冠心病、高血压的概率。《太极拳对中老年人的医学作用》也指出，长期练习太极拳可以有效改善中老年人的免疫功能、脂代谢、糖代谢、神经系统功能等，且长期练习太极拳的中老年人的血浆TG都明显低于不经常参加太极拳锻炼的中老年人。[②] 还有

————————

① 雷芎生，倪红莺，陈秋月，郑华伟，黄芸芸，叶槐菁，郑永忠.42式太极拳对中老年人心血管功能和呼吸耐力的影响［J］.现代康复，2001（11）：64-65.

② 田汉文，陈彦宇，梁彩霞，李路瑶.太极拳对中老年人的医学作用［J］.四川生理科学杂志，2012（4）：181-184.

研究显示，中老年人长期练习太极拳可以调节血压、降低体重，减少心脑血管病等慢性疾病的发生。①

5. 太极拳可以有效促进身体的代谢功能。新陈代谢贯串于人体生命的整个过程，人体无时无刻不在进行新陈代谢活动，而对于中老年女性，随着年龄的增加，新陈代谢能力逐渐下降，会引发诸多疾病。太极拳作为一种低强度有氧运动，在练习的过程中，身体内部与外部配合，体内肠、胃、脾等器官都受到了"按摩"，分泌出大量的消化液，可以提高胃部的消化能力、吸收能力及肾上腺素分泌，促进体内物质代谢，提高中老年女性的食欲，改善其体内环境，增强胆固醇的代谢能力。

6. 太极拳可以有效调节神经系统机能。在练习太极拳的过程中注重"以意导气""用意不用力"等，用意念来控制神经的兴奋程度，可以有效调节神经系统的活动能力。练习者在练习太极拳的过程中要保持"静心"状态，做到全身上下、内外放松，这种状态也有利于神经的放松及休息。在肢体与意念的高度配合下，长期坚持太极拳练习可以有效调节中枢神经系统，提升练习者的灵敏素质、反应能力及协调能力。

练习前警示：

太极拳是符合女性尤其是中老年女性的生理规律的健身运动，长期坚持练习太极拳可以有效调节、改善女性的呼吸系统、心血管系统、神经系统，促进新陈代谢，预防关节损伤。太极拳有着精深的文化内涵及练习规律，因此在练习的过程中应注意以下几点②：

---

① 曾永红, 曾彦平, 李琳, 朱洪翔, 刘宝玲, 郭兰. 长期太极拳运动对心血管病及其危险因素的影响 [J]. 中国康复理论与实践, 2012 (12)：1148–1150.

② 饶绍信. 习练太极拳应注意的几个问题 [J]. 中华武术（研究）, 2011 (1)：50+57.

1.学拳先明理

2.正确掌握拳架

3.加强放松意识

4.练拳要配合呼吸

5.提高练拳意识

练习太极拳还要持之以恒。太极拳具有疗病功效，但是长期坚持锻炼才能有成效。

第三节　广场舞

广场舞因有着节奏欢快、动作简单易学、成本较低、方便的特点而受到广大女性尤其是中老年女性的喜爱。广场舞目前已经在我国各地流行开来，在小区广场、公园随处可见。随着广场舞的规模逐渐扩大，国家也推出了12套广场舞套路，以此推动广场舞的发展。

中老年女性在退休后会面临诸多健康问题，高血压、糖尿病等慢性疾病影响着她们的正常生活，健康问题成为她们日益关注的话题。由于时间、精力充沛，她们投入多种健身行列中，其中以参加广场舞为主。广场舞主要有以下几方面作用：

1.长期练习广场舞可以提升中老年女性的协调、反应及平衡能力。广场舞运动幅度较大，节奏性强，参与肌群数量多，动作中包含了走、跑、跳和一些基本的舞蹈动作，在锻炼的过程中需要频繁地完成前后走动、跳跃、左右转体等动作，重心也需要不断起伏、移动，并且需要通过调整身

体姿态来保持平衡，因而可以有效提升平衡能力及反应能力。同时，广场舞动作中有许多转体动作，因而也加强了练习者的视觉及前庭觉。长期参加广场舞锻炼除了有利于提升中老年女性的协调能力、反应能力及平衡能力，还可以有效缓解因年龄增长、肌肉能力退化、本体反应能力减弱而出现的各种不适症状。

2. 广场舞能够有效预防绝经后女性的骨质疏松问题，减小跌倒风险。有研究通过对绝经后参与广场舞锻炼的女性的胫骨骨密度、血清雌二醇等指标进行测量，发现广场舞运动可以有效降低绝经后女性骨密度下降的速度并提高其血清雌二醇的水平，对预防绝经后女性的骨质疏松症及减小跌倒风险有显著的作用。①

3. 长期坚持跳广场舞能够提高女性的心肺机能水平。人到了中年，心血管系统会出现退行性功能变化，血压也会随着年龄的增长而增高。研究显示，年龄每增长10岁，血压会升高约1.3k Pamm Hg。而经常参加广场舞锻炼可以增加血流量，加快血流速度，从而促进血液循环，缓解动脉血压升高，降低收缩压②，从而提高中老年女性的心肺机能水平。

4. 长期参加广场舞运动能够减少女性体内脂肪，是女性健身、健美、塑造良好的体形的有效途径。广场舞由准备活动，头颅、四肢、躯干动作，跳跃动作及放松活动构成。其中的一些柔韧性练习和身体姿态练习可以有效改善女性的身体姿态；一些髋部运动能够减少脂肪堆积，提高女性做动作时的协调性和灵敏度，使腰腹更加灵活；踢腿动作能够拉长女性腿

---

① 刘建宇，向家俊，魏星临，胡彩凤，吴成亮，张孟雁.广场舞对绝经后妇女骨密度、血清雌激素及平衡能力的影响［J］.中国体育科技，2014（2）：78-82.

② 肖蝶，徐玉明.广场舞对中老年人健康体适能影响的文献综述［J］.当代体育科技，2018（17）：253-254.

部的肌肉，从而达到修身、健美的目的。①

5.广场舞对糖尿病、抑郁症等多种慢性疾病也有良好的防治作用。②有研究发现，广场舞可以有效降低女性糖尿病患者的餐后血糖及糖化血红蛋白水平③。

6.广场舞是在音乐中进行的一项运动，伴随着音乐参加锻炼，可以达到身心放松的效果。有调查显示，参加广场舞运动的女性大多可以感受到运动带来的快乐，有效排遣不良情绪，增强自信。广场舞对改善中老年女性抑郁症患者的躯体化、抑郁、焦虑等症状也有显著的作用。④

综上，广场舞运动是一项促进女性身心健康发展的运动项目。

练习前警示：

1.有些女性因为参加广场舞运动而过度消耗体能，产生了强烈的饥饿感，所以在运动过后暴饮暴食，大量进食高能量食物，最终还是会出现体重和脂肪增加的情况。因此，在参加广场舞锻炼的时候，要科学控制饮食。

2.女性应该适量、适度、适己并且有规律地参加广场舞运动，锻炼的强度、时间及每周锻炼的频次可以根据自身情况进行调整。⑤

---

① 邹平.浅析有氧健身操对中年女性的身心影响［J］.内江科技，2010（5）：154-155.

② 彭锋，肖阳雪，陈茂杰，张志新，陈镜好，赵勇.我国居民广场舞行为现况及广场舞对健康的促进功能研究进展［J］.保健医学研究与实践，2019（2）：85-89.

③ 韩颖，李素芬，田秀标，石节丽，徐福娟，金娜娜，刘艳，郭江磊.广场舞对血糖控制不佳的中老年2型糖尿病女性患者的影响［J］.海南医学，2015（20）：2976-2978.

④ 王娟娟.广场舞改善中老年女性抑郁症康复研究和疗效观察［J］.河北医学，2014（11）：1814-1818；郭艳花，张永红.广场舞锻炼对更年期妇女抑郁、焦虑情绪的影响［J］.吕梁学院学报，2013（3）：91-92.

⑤ 张廷剑，李焕玉，张帅，张恒波.广场舞锻炼对女性情绪效益的影响研究［J］.长江大学学报（自科版），2018（21）：63-66+6.

3.一些研究表明，参加广场舞锻炼的大部分中老年女性对大气污染及噪音污染的影响了解得还不是很多。因此，建议中老年女性选择适宜的时间和地点进行锻炼，培养良好的锻炼习惯，避免在锻炼中给自身带来不利。

第四节　瑜伽

近代瑜伽兴起于印度，并广泛流传于欧美、亚太、非洲等地，在20世纪80年代传入我国。1985年中央电视台播出了瑜伽系列教学片，瑜伽于是开始在我国大范围传播，并逐渐成为广受人们推崇的一项修炼身心的运动。瑜伽具有缓解女性压力及生理保健的作用，是保持女性生理及心理健康的重要手段。

相比于跑步、球类等剧烈运动，瑜伽是一项相对安静的运动，也是一种身心合一的新型健身方式。在健身的大趋势下，广场舞是被中老年女性喜爱的一项运动项目，瑜伽则在青年女性中比较盛行。

1.瑜伽运动中的体位法、呼吸法、冥想法这三大方法可以对人体各组织器官起到直接的调节作用，可以针对不同的系统产生不同的影响。[①] 冥想是瑜伽锻炼的方式之一，可以使人将杂念抛除，通过心理暗示进行自我调节，调节紧张的心情，也有助于改善睡眠质量。有研究显示，经过16

---

　　① 金曼，李锋.瑜伽呼吸法对呼吸系统的保健康复作用探讨［J］.吉林体育学院学报，2007（1）：82-83；金宁.老子按摩法与瑜伽体位法的放松效应比较研究［D］.南宁：广西民族大学，2011.

周的瑜伽呼吸、冥想干预后，更年期女性的雌二醇E2水平明显高于实验前水平，促卵泡生成素FSH水平也明显提高，可见瑜伽冥想训练对改善更年期女性体内的雌激素水平有很大的作用。长期的瑜伽锻炼也有利于更年期女性更好地控制大脑意识、有效调节不良情绪、有效缓解更年期的不适症状。[①] 国外相关研究通过对受试者进行为期10周的瑜伽锻炼干预，发现进行瑜伽锻炼干预的受试者幸福指数明显上升。国内相关研究也指出，长期参加瑜伽锻炼可以有效调节锻炼者的不良情绪，提升其自我满足感。[②] 瑜伽锻炼的结尾处也都有仰卧式休息，这种休息方式是放松和静心的最好方式，长期坚持下去，人的心态会变得平和。

2. 瑜伽是青年女性达到塑身目的的主要手段之一。对于没有锻炼习惯的青年女性，易发胖是她们焦虑的问题之一，而瑜伽不仅能促进女性的身心健康，还能有效改善女性的身体形态。

3. 瑜伽对高血压、糖尿病等慢性疾病有一定的改善作用。[③] 瑜伽练习对人体的神经系统、腺体分泌等都有着积极的影响。有研究显示，坚持长期并且有规律的瑜伽练习可以改善Ⅱ型糖尿病女性病人的血糖，提高其生活质量。[④]

练习前警示：

相关研究指出，近几年来，因为很多瑜伽练习者缺乏系统、科学的训

---

① 刘远新，李宝.瑜伽呼吸冥想状态下更年期女性的脑电特征研究［C］//中国体育科学学会.第四届全民健身科学大会论文摘要集.中国体育科学学会，2018：260–261.

② 张静.论瑜伽的心理健康价值［J］.当代体育科技，2019（14）：232–233.

③ 王海英.瑜伽运动的健康功效［J］.新西部（下半月），2010（3）：233–235.

④ 赵爱华，韩爱荣，陶左荷.瑜伽锻炼对女性2型糖尿病病人血糖及生活质量的影响［J］.护理研究，2018（16）：2608–2610.

练，出现运动损伤的人越来越多。① 因此，在练习时要注意以下几点：

1.瑜伽并不适合所有女性。有研究指出，在一般情况下，人的颈部可以前弯40度，后弯75度，侧弯45度，旋转50度，在练习瑜伽的过程中需要突破这些限度，所以在练习瑜伽的时候会有一定的风险，严重者会导致椎动脉及颈动脉的损伤，造成血栓、血管狭窄，对大脑造成严重的伤害。以不正确、不合理的方式进行瑜伽锻炼也会对练习者的关节及韧带造成伤害。② 因此，女性要根据自身情况合理选择瑜伽项目进行锻炼。

2.患有高血压、心脏病、糖尿病及颈椎病的女性在练习瑜伽时必须得到医生的同意，并且在专业教练员的指导下才可以进行练习。③

3.在练习瑜伽之余，练习者还需要对饮食进行严格的调整与控制，在饮食中要尽量避免油腻的食物，多吃清淡、有营养的食物，保持膳食均衡，以达到保持良好体形，具备良好机能、素质的目的。

第五节　健身气功

健身气功是中华民族传统的体育项目，是中华民族智慧的结晶，有其独特的运动形式及健身机理；动作简单易学，虽历经数千年的变迁，仍然受大众欢迎。健身气功具有良好的保健作用，其以我国中医经络学说、穴

---

① 张娇.16周两种不同瑜伽运动对中年女性体质及功能性动作影响的实验研究［D］.西安：西安体育学院，2018.

② 张桂莲，党美娟，王妮.女性练瑜伽，身体评估很重要［N］.家庭医生报，2019-10-28（12）.

③ 汪娟.瑜伽——中老年女性健康的选择［J］.运动，2012（22）：143-144.

位学说及气血学说为理论基础，练习者通过控制自己的心理活动及意识，协调动作和呼吸，最终实现调息、调身、调心三调合一，以改善自身的生理及心理状态。

大量实验研究证实，一段时间的科学、系统的健身气功训练对女性的身体健康有良好的促进作用：能增强女性四肢肌肉的力量，改善女性的柔韧性、平衡能力，在改善女性的身体机能，特别是呼吸系统机能方面有积极的作用；对延缓女性的智力衰退速度，促进女性的心理健康也有明显的效果。因此，长期坚持健身气功锻炼能够促进女性的身心健康发展。

从有关健身气功的研究中可以看出，健身气功中的八段锦、五禽戏、易筋经动作缓慢，简单易学，是深受中老年人欢迎的三个运动项目。

一、八段锦

八段锦是由八节不同的动作构成的一套医疗康复操，蕴含中国文化的经络学说，是将体育运动和中医养生有机结合的一项传统的体育项目，运动量适中，对练习场地的要求也较低，因此广受中老年女性推崇。

八段锦的每一式动作都有其作用：双手托天的动作可以使练习者进入练习的状态；左右开弓的动作可以加强练习者的上肢活动；单臂举的动作可以牵动练习者的内脏，促进消化；摇头摆臂的动作有利于练习者全身肌肉的锻炼，消除练习者的烦躁；攒拳怒目的动作可以增强练习者的上肢力量及眼部肌肉力量；背后七颠的动作使练习者的身体恢复至平常状态[1] …… 相关研究指出，八段锦可以使上下肢协调配合，经常练习可以

---

① 李德勋，黄隆清."八段锦"的探讨和整理［J］.成都中医学院学报，1983（3）：75–78.

疏通经络、舒筋柔体，使气血畅通，增强体质。①

（一）八段锦对改善女性的身体形态具有良好的作用②

八段锦不仅适应普通女性的需求，对于超重、肥胖的中老年女性，以及患有"三高"、糖尿病等慢性疾病的中老年女性同样具有良好的效果。相关研究通过对肥胖型并患有糖尿病的中年女性进行八段锦的练习干预，测试干预前后其身体形态学指标，血糖、血脂指标及胰岛素敏感性指标，发现24周的八段锦干预练习可以明显降低肥胖中年女性的腰围和WHR指标，以及血糖、血脂方面的FPG、TG和HbAlc水平，提高HDL水平。③因此，如果能够长期坚持八段锦锻炼，可以有效改善女性的身体形态并促进女性的身体健康。

（二）长期练习八段锦可以改善五脏功能

在练习八段锦的过程中，呼吸要深、长、细、缓、匀，这样的呼吸节奏可以对人体的内脏起到按摩作用，从而促进肠胃的蠕动，加快人体的消化和吸收能力。练习八段锦时，练习者的注意力要集中到运动的部位，这样可以去除杂念，加快身体各部位的血液循环，通过改善五脏功能起到调整人的情绪、促进人的身心健康的作用。

（三）练习八段锦可以增强女性的肺功能

练习八段锦时，练习者心境保持平和，呼吸频率降低，呼吸深度增加，潮气量增大，肺泡通气充分。膈肌的活动可以使肺扩张，使全身的回流血液增多、回流速度增快，增大肺循环血管床面积，延长血液与肺泡内

---

① 王记生.从中医角度谈传统健身方法 —— 八段锦［J］.河南中医，2006（1）：81.

② 钮薇.健身气功·八段锦对普通高校大学生体能的影响［D］.大连：辽宁师范大学，2011.

③ 刘涛，白石，张荣超.健身气功八段锦对肥胖中年女性糖尿病患者相关指标的影响［J］.中国应用生理学杂志，2018（1）：19–22.

氧的接触时间，提高肺换气量，从而增强肺功能。①

（四）长时间进行八段锦运动可以降低女性心血管疾病发生的概率

练习八段锦可以提高中老年女性血清中的一氧化氮含量，并提高其血清中超氧化物歧化酶的活性，降低血清丙二醇的浓度，这样会降低大部分脂类物质的过氧化程度，从而延缓动脉粥样硬化的进程，降低心血管疾病发生的概率。

（五）练习八段锦可以让练习者的机体保持在相对好的水平，有效缓解练习者的血管压力，增加其大脑供血量，减小静脉曲张发生的概率

（六）八段锦练习可以有效促进女性的心理健康

相关实验研究指出，对中年女性进行为期32周的八段锦干预练习，可以提高中年女性褪黑素盐的浓度，提高中年女性的睡眠质量及抗氧化能力，对促进中年女性的心理健康具有明显的作用。② 同时，32周的八段锦练习可以减轻中年女性的焦虑情绪，在音乐中练习八段锦可以达到更好的效果。③

---

① 薛晓杰.健身气功八段锦对更年期女性功能性室性早搏的临床康复疗效观察［D］.南京：南京中医药大学，2018.

② 黄丽英.八段锦干预对中年女性 aMT6s 及 PSQI 的影响［C］//中国体育科学学会运动生理与生物化学分会.第四届全国运动生理与生物化学学术会议 —— 运动·体质·健康论文摘要汇编.中国体育科学学会运动生理与生物化学分会，2016：193–194.

③ 黄丽英，黄恬，陈培培.八段锦干预对中年女性睡眠质量及自主平衡调节能力的研究［C］//中国体育科学学会.第十届全国体育科学大会论文摘要汇编（一）.中国体育科学学会，2015：694–695.

二、五禽戏（虎、熊、鹿、猿、鸟）

五禽戏是集导引、吐纳为一体的运动项目。练习五禽戏时，要求练习者外动内静、动中求静。五禽戏主要通过调动身体的各个关节及肌肉，达到疏通体内气血、脉络的目的。在练习五禽戏时，可以配合呼吸节奏进行全身心运动，以舒活气血，平衡人体阴阳。① 五禽戏与其他功法的不同在于：五禽戏除了具备一般气功的要素，还融合了意念元素，每一种戏都有一个意念。意念可以帮助人们有效地调节不良状态，减轻精神压力。五禽戏主要通过模仿五种动物的不同动作创编而成，因此，五禽戏的动作比较形象化，动作数量较少，主要内容容易理解和掌握。

1982年中国卫生部、教育部及国家体委将五禽戏作为在医学类大学中推广的"保健体育课"的内容之一，自那以后，大量的学者对五禽戏的功效进行研究，都证实了五禽戏对身体健康具有促进作用。② 现代医学也证明五禽戏是一种养生运动、一种使全身肌肉和关节都得以舒展的医疗体操。

（一）五禽戏练习可以有效改善练习者的身体形态及身体机能

中老年女性在经过为期3个月的五禽戏练习干预后，其腰围和腰臀比明显降低，肺活量和握力值明显提高，舒张压和收缩压不断下降，多项体质指标都向好的方向转变。可见，3个月的五禽戏练习对中老年女性的身体形态、身体素质及身体机能都产生了积极的影响。③

---

① 刘燕.健身气功·五禽戏养生技理研究［D］.苏州：苏州大学，2016.

② 宋光辉.健身气功五禽戏对社区老年人体质状况和睡眠质量的影响研究［D］.上海：上海师范大学，2018.

③ 虞定海，陈文鹤，张素珍，崔永胜，赵刚.五禽戏练习对中老年女性体质的影响［J］.中国运动医学杂志，2004（3）：309-310.

　　（二）五禽戏可以有效控制患有高血压的老年女性的即时血压①，并且能够有效改善中老年女性的血脂，对提高其心血管机能有显著的作用②

　　（三）五禽戏可以有效促进女性的心理健康

　　相关研究通过实验证明，中老年女性在经过为期6个月的五禽戏练习干预后，各项心理测试指标都较之前有了显著性差异。③

　　练习五禽戏时应全身心放松，意守丹田，呼吸均匀，做到内外兼备，外形和神情都像五禽。在练习时不管选择哪种呼吸方式，都不能憋气，要做到动静自然，呼吸与动作相互配合，并遵循以下规律：起吸落呼，开吸合呼，先吸后呼，蓄吸发呼。④

三、易筋经

　　从名称上来看，"易"有调整、改变的意思，"筋"指人体全身的肌肉、筋膜、肌腱等软组织，"经"指典籍、方法。易筋经是一种可以调节全身肌肉、筋骨的养生宝典⑤，具有"伸筋拨骨、动作舒展、呼吸自然"等

　　① 林红，黄世均.健身气功五禽戏对老年高血压患者康复的促进作用［J］.中国老年学杂志，2013（7）：1645-1647.

　　② 沙鹏.健身气功五禽戏对中老年女性血脂指标及平衡能力的影响［J］.陕西中医，2010（10）：1332-1335.

　　③ 田春兰."健身气功·五禽戏"锻炼对中老年人焦虑水平的影响［J］.山东体育科技，2011（6）：96-98.

　　④ 刘新荣.健身气功·五禽戏对中老年女性健身效果的实验研究［D］.西安：西安体育学院，2014.

　　⑤ 胡立.健身气功·易筋经改善老年妇女平衡能力的研究［D］.北京：北京体育大学，2017.

特点。①

（一）易筋经锻炼有助于提升老年女性的力量、柔韧性、平衡性、灵敏度等身体素质。② 有研究对老年女性进行为期6个月的易筋经干预练习，结果显示，经过6个月的易筋经练习后，老年女性的背力、坐位体前屈和闭眼单腿站立指标明显提高。

（二）长期练习易筋经可以改善老年女性的血脂和自由基代谢水平，其自由基抗氧化酶也会得到提升。③ 有研究通过对老年女性进行为期3个月的易筋经干预练习，证实易筋经不仅可以提高老年女性的柔韧性、力量性、平衡性、灵敏度等多项身体素质，对老年女性的身体机能和血脂也产生了积极的效果。

（三）易筋经中的动作都具有拉伸四肢、活动筋骨的作用，长时间练习有助于提高肌肉的温度及关节的活动范围，降低运动损伤发生的概率。

（四）易筋经功法的设计理念突出对称美，动作是上下、前后、左右相呼应的。从运动医学的角度来看，对称性的动作是以人体感觉统合器官特征为依据的，对称的动作有助于调节神经、增强记忆力、改善本体感觉较弱女性的生理特征。

————————

① 黄德真. 健身气功 —— 易筋经防治骨质疏松症的临床和机理研究［D］. 南京：南京中医药大学，2009.

② 刘晓丹，金宏柱，顾一煌. 健身气功·易筋经对老年女性身体素质的影响［J］. 当代医学，2010（6）：3–4.

③ 刘晓丹，金宏柱. 健身气功易筋经对老年女性血脂和自由基代谢的影响［J］. 中华中医药杂志，2010（9）：1480–1482.

第六节   健身秧歌

秧歌指在音乐背景下，扭身与踏步舞结合，并利用扇子、手绢、花棍等器材进行娱乐及健身的体育运动。[①] 随着社会、经济的快速发展，人民群众对精神文化的需求日增，秧歌作为一种民俗文化出现，独具特色。《中国群众体育现状调查结果报告》显示，参加秧歌活动的人群占锻炼人群的43.1%，位居第三。[②] 2009年9月，国家体育总局正式将健身秧歌列为全民健身文化形态的代表之一。

健身秧歌是近十几年来发展起来的一个新兴体育项目，是在传统秧歌的基础上结合体育健身特点，融入了一些舞蹈元素的体育与艺术结合的群众性运动项目。健身秧歌是在传统秧歌的基础上由民间群体发展而来的，其发展与我国传统文化的发展息息相关。练习健身秧歌不仅可以增强体质，还可以丰富广大群众的精神、文化生活。健身秧歌更受中老年女性的欢迎。

1. 健身秧歌能够提高女性的身体素质。健身秧歌的动作中包括许多扭、踏、转体等动作，而要完成这些动作，就不能仅靠某一个单一的肢体动作，必须通过多个肢体动作协调配合，这样有利于提高上下肢的协调性；健身秧歌中同一组合的动作包含了动作的对称及不同方向的表现，能够提高女性的协调性、灵敏度、柔韧性等身体素质。

2. 健身秧歌能够有效提升女性身体的各项机能。健身秧歌的动作比较

---

① 马俊成.中老年人群健身秧歌锻炼效果的实验研究［J］.浙江体育科学，2015（2）：108-112+128.

② 李先国，孙麒麟，毛丽娟，杨光，徐扬.论海派秧歌［J］.体育文化导刊，2010（2）：112-115.

简单，节奏轻快，动作强度较小，有利于促进女性的有氧代谢功能及身体各个系统机能的发展。长期坚持这项运动可以提高身体素质，有效改善消化系统、呼吸系统机能。有研究显示，通过对中老年女性进行为期半年的健身秧歌干预练习，中老年女性各方面的功能都得到了有效的提升。健身秧歌练习不仅可以促进中老年女性的新陈代谢，也能有效提高中老年女性的心理健康水平，大大提高中老年女性的生活质量。①

3. 长期坚持健身秧歌练习有助于改善女性的睡眠质量。相关研究选取中老年女性作为实验对象进行为期12周的健身秧歌干预练习，以匹兹堡睡眠质量指数作为评价工具，结果显示，健身秧歌能够有效提升中老年女性的睡眠质量，高质量的睡眠对人体的身心健康具有关键作用。②

4. 健身秧歌有利于改善绝经期女性的激素分泌水平并加强其骨密度。相关研究对绝经期女性进行为期6个月的健身秧歌干预练习，每周进行5次锻炼，每次锻炼50分钟，将其心率控制在每分钟130次以内。实验后，绝经期女性的雌激素分泌水平得到了改善，血清相关细胞因子水平降低，腰椎L2-4和股骨、颈骨密度显著提高。一段时间的健身秧歌练习可以使各块肌肉和各个关节得到充分的锻炼，尤其是使腰椎得到锻炼，提高成骨细胞的活性，增强骨密度。

5. 健身秧歌还可以增强绝经期女性的心血管机能及内分泌调节机能，促进血液循环及血钙运输，加速体内钙的代谢平衡和成骨细胞的合成③，对提高绝经期女性的机体免疫机能，预防骨质疏松都有积极的作用。

---

① 赵红.健身秧歌对中老年健康和生活质量的影响［J］.现代交际，2014（5）：118-119.

② 刘美珍，黄晓丽.健身秧歌对中老年女性睡眠质量影响与机制探讨［J］.湖南工业大学学报，2012（6）：96-99.

③ 肖兰，周勇，李靖.绝经女性6个月健身秧歌锻炼前后血清雌激素、细胞因子和骨密度的变化［J］.中国运动医学杂志，2011（6）：561-563.

6. 长期坚持健身秧歌锻炼可以降低肥胖老年女性的体脂百分比，减少其体内体脂含量，有利于改善肥胖老年女性的身体形态，对糖尿病、心血管疾病、高血压等慢性疾病都有很好的预防作用。[①]

7. 健身秧歌可以增加肺活量，有效改善老年女性的呼吸功能，使其血压保持在稳定状态，缓解肢体柔韧性的退化。[②] 12周的健身秧歌锻炼可以有效增强老年肥胖女性的肌肉力量及身体柔韧性，并提升其灵敏度。

8. 长期参加健身秧歌锻炼会对女性的心理健康产生良好的影响。健身秧歌是在具有民族特色的音乐中进行的，这样的带有明显的积极色彩的音乐可以烘托良好的气氛，陶冶锻炼者的情操，提高锻炼者的艺术修养。健身秧歌具有健身性、观赏性、娱乐性、民族性等特点，长期参加健身秧歌锻炼会对女性的心理健康产生积极的影响。

练习前警示：

相关研究指出，在练习健身秧歌时，最高心率达到144次/分钟。健身秧歌的动作难度及动作幅度较大，在练习的过程中要注意保持动作与呼吸的配合，保持身心放松。练习健身秧歌靶心率适应强度为60%—80%时，运动效果最佳，且40岁以上的人群练习健身秧歌效果最好。[③]

---

① 李娜娜，林泉.第四套健身秧歌对老年肥胖女性身体成分的影响［J］.山东体育科技，2011（2）：46–49.

② 胡兆蕊.健身秧歌对60—65岁老年女性体质的影响［J］.鞍山师范学院学报，2011（4）：82–85.

③ 姜桂萍，纪仲秋.健身秧歌运动负荷研究［J］.中国体育科技，2002（11）：59–61.

第七节　健步走

健步走来源于人最基本的运动形式 —— 走，是一项介于散步和慢跑之间的、能够促进人体身心健康的一种注重姿势、速度、时间的有氧运动项目。[①] 大量研究证明，走步与人的健康有着密切的关系。古今中外，因走步而长寿的名人比比皆是：哲学家康德每天坚持 1 小时的走步锻炼，活到了 80 岁；美国第三十七任总统尼克松年过八十仍然每天坚持走步 1.6 公里；伟大的哲学家卢梭曾说："走唤起并激励我的思想。"由此可见，走步对于人体的健康具有积极的影响，这也是人们将走步的锻炼方式称为"健步走"的原因。

健步走运动在全世界普遍流行，成为诸多爱好健身的人喜爱的健身项目之一。调查显示，在美国，参加健步走的人有 5000 多万，意味着每四个美国人中就有一个参加健步走运动。[②] 目前在我国，健步走由于简单、方便，不受时间、地点的约束，也是广大群众主要的健身锻炼项目之一。在"全民健身一二一工程"启动后，健步走由于危险性较低，成为我国中老年女性喜爱的健身方法之一。

1. 健步走可以增强中老年女性的心脏功能，有效预防心血管疾病。有研究选取 45 名 50 — 70 岁的中老年女性进行为期 16 周的干预练习，每周锻炼 3 次，每次锻炼时间为 1 小时。实验结果显示：进行过 16 周健步走的中老年女性的心脏和血管指标均得到了改善；健步走对改善中老年女性的

---

① 陈晓丽. 健步走对中老年女性低骨密度者的骨密度和平衡能力干预效果的研究［D］. 成都：成都体育学院，2012.

② 刘东兴. 秦皇岛市健步走运动的现状及发展对策研究［D］. 石家庄：河北师范大学，2019.

血管弹性及动脉狭窄程度也具有良好的作用，可以有效预防心血管疾病，促进心脑血管健康。① 另有研究通过对32名61—65岁的老年女性进行为期8周的低、中、高强度的健步走干预，发现中、低强度并且有规律的健步走运动可以有效改善心脏的舒张和收缩功能，提高心脏泵血功能，低强度的健步走有氧运动可以降低安静时心率及心肌耗氧量。因此建议老年女性经常进行30%—60%F.C.强度的健步走运动，以有效增强心脏功能。

2. 健步走运动可以改善绝经后的女性的骨密度，有效预防骨质疏松。通过对比不同运动干预对绝经后女性骨质疏松症及骨密度的影响，发现不同运动方式对不同部位的骨骼作用不同，其中健步走对改善腰椎BMD效果最好。②《不同强度健步走对绝经女子骨密度影响的比较》③通过实验指出，靶心率120为绝经女性预防和治疗骨质疏松症最合适的运动强度。

3. 健步走有利于超重女性控制体重。相关研究④选取20—30岁的成年女性，分为正常组和超重组进行不同速度的健步走干预，实验结果显示：在相对较低的速度即≤5.0公里/小时，超重组和正常组女性的能量消耗都没有明显变化；当健步走速度≥5.5公里/小时，超重女性的能量消耗和净能量消耗都明显高于正常体重的女性；而健步走速度≥6.5公里/小时，超重女性的心率都明显高于正常组的女性。可见，超重女性在平时进行健步走运动时，速度保持在≥5.5公里/小时有利于控制体重。

---

① 侯娜，孙晓娟，薛海涛.健步走对中老年女性心血管功能影响的实验研究［J］.当代体育科技，2019（2）：206-207.

② 聂明剑，张智海，冯强，王梅.12周社区运动干预对绝经后骨质疏松症女性骨密度的影响研究［J］.中国骨质疏松杂志，2019（4）：446-451.

③ 张敏，曾锋华.不同强度健步走对绝经女子骨密度影响的比较［C］//中国体育科学学会.第八届全国体育科学大会论文摘要汇编（二）.中国体育科学学会，2007：379.

④ 张培珍，岳收芳.超重成年女性健步走能量消耗特征研究［C］//中国体育科学学会.第十届全国体育科学大会论文摘要汇编（一）.中国体育科学学会，2015：648-649.

4. 健步走锻炼可以减少肥胖老年女性的脂肪，从而改善其身体成分及身体形态，增强其下肢肌肉的力量，有助于老年女性身体健康[1]。

长期坚持健步走运动对保持女性的体重，增强女性的身体素质、心肺功能有良好的效果，可有效降低心血管疾病等突发性疾病的风险，加速机体能量的消耗及代谢速度。每天坚持进行30分钟—60分钟的健步走运动，可以瘦身、减脂、降低血压，提高中老年女性的骨密度，加强中老年女性的关节力量，有效预防骨质疏松。据调查研究，在健步走的多种形式中，大多数人选择自然走或者摆臂走。老年女性可选择中等强度的锻炼，步频在120—150步/分钟[2]。

有关广场舞和健步走对中年女性高血压患者的影响的研究指出，广场舞和健步走都可以降低血清TC、TG、LDL，并升高HDL的浓度，减少体内脂肪，有效调节血脂代谢，能降低瘦素及血管紧张素Ⅱ的含量，增强血管壁的弹性，有效降低血脂及血压；还特别指出，中年女性一级高血压患者宜采用40%—60%的强度、每周3—5次、每次40分钟—60分钟的运动形式，这对降低血压、增强体质有重要的作用。[3] 同样研究广场舞和健步走对中年女性健康体适能及心理健康的影响的学者指出，虽然广场舞和健步走都能改善中年女性的健康体适能及心理健康，但是广场舞的效果比健步走好，这可能与健步走运动形式相对单调、运动强度较小、下肢肌

① 李晓霞，姜明.健步走对老年女性肥胖人群身体成分影响的研究［C］//中国体育科学学会.第九届全国体育科学大会论文摘要汇编（二）.中国体育科学学会，2011：504–505.

② 李帅.德城区老年女性参与健身走运动现状的调查研究［J］.科教导刊（中旬刊），2012（2）：181–182.

③ 杨勤，刘辉.健步走与广场舞对中年女性高血压患者降压效果研究［J］.四川体育科学，2018（2）：40–42.

肉参与运动较多有关。① 有研究者在对老年女性静态平衡能力的对比分析中指出，经常参加太极拳、交谊舞及健步走运动都可以改善老年女性的静态平衡能力，但是太极拳和交谊舞运动的效果优于健步走的效果。② 因此，女性要根据自身情况选择合适的健身项目。

练习前警示：

在进行健步走的时候，建议女性尽量选择道路平坦、空气新鲜、光线较好的场地，并根据自身情况控制好运动的强度和速度。应尽量选择舒服且防滑的轻便运动鞋，避免出现运动损伤。

第八节　游泳

游泳是被世界卫生组织列为运动的首选项目，对于一些患有骨关节疾病或者颈、腰椎疾病的患者也是一项最佳的运动项目③。游泳作为世界上普及的运动项目之一，对人有着多方面的积极影响。据调查，中年人中，坚持游泳运动的女性远比男性多④，游泳运动对女性的身心健康具有重要的意义。

游泳一直被多数人视作一项有效的减肥运动。游泳是在水中进行的一

① 卢桂兵，董丹丹.健步走与广场舞对中年女性健康体适能及心理健康的影响［J］.南京体育学院学报，2018（3）：49-54.

② 刘崇.参与太极拳、交谊舞、健步走对老年女性静态平衡能力的对比分析［D］.石家庄：河北师范大学，2009.

③ 吴辉.游泳，水中运动的绝佳选择［J］.理财，2019（7）：70-72.

④ 谭蕾.自我效能理论在女生游泳教学中的应用［J］.吉首大学学报（自然科学版），2009（2）：34-36.

项有氧运动，因为水中有浮力、压力、导热率、阻力，这些因素都是陆地运动项目不具备的，所以，人在水中和陆地上的运动方式是不同的，进行游泳这项运动会比在陆地上运动消耗更多的能量。相关研究指出，要进行减肥，无论在陆地上采取什么方式进行的运动，都会因为重力的作用对减肥者的腰、膝、踝等关节部位造成一定程度的损伤；而如果采用游泳的方式进行减肥，水中的浮力会让超重者浮在水面，从而可以降低重力带来的影响，减少运动损伤的发生。[①] 此外，水具有流动性，能对身体起到按摩作用，不仅可以塑造形体，还能达到放松肌肉的效果。

1. 游泳可以有效改善女性的身体形态，帮助女性达到瘦身、塑形的目的。有实验研究显示，青年女性进行中等强度的游泳锻炼后，她们的各项身体指标都有明显的变化，体重、体脂等都出现了下降的趋势，腰围、臀围、腿围的指数也有明显的下降趋势。说明游泳对想减肥的女性来说是一项很好的运动项目，可以有效减少体重。研究中也特别指出，12周中强度的游泳训练没有对女性的腰、膝、踝关节造成损伤。相关研究选取30名肥胖青年女性作为实验对象，对其进行大强度间歇游泳锻炼，研究结果显示，大强度间歇游泳运动对改善青年肥胖女性的肥胖程度具有显著作用。可见，大强度间歇游泳锻炼可以帮助肥胖青年女性达到减脂、瘦身的目的。[②] 同样，《大强度间歇游泳运动对青年肥胖女性减肥效果的研究》[③]中也指出青年肥胖女性经过为期12周的大强度间歇游泳锻炼后，其体重、

① 武默迪.中强度游泳训练对青年女性减肥效果的研究［J］.当代体育科技，2017（12）：44+46.

② 洪敏，王功燃，童伟.大强度间歇游泳运动对青年肥胖女性减肥效果的观察［J］.当代体育科技，2016（22）：142+144.

③ 戴伟宇.大强度间歇游泳运动对青年肥胖女性减肥效果的研究［J］.广州体育学院学报，2014（6）：99-102.

胸围、腰围、臀围、BMI、WHR等指标都出现了显著性的变化，都呈降低趋势，内脏脂肪和皮下脂肪也出现了显著降低的趋势，其中肌肉蛋白质呈增加趋势。可见，大强度间歇游泳锻炼不仅可以改善青年肥胖女性的体重及体形，还可以提升其肌肉质量。

2. 游泳对女性的心理有积极的影响。有研究采用心理测量的方法对40—50岁年龄阶段经常进行游泳锻炼的女性和非游泳锻炼的女性进行测量并进行对比，发现游泳锻炼可以有效促进中年女性的心理健康。[①]《游泳运动对老年人心理健康的影响》[②]中也提出经常参加游泳锻炼对促进老年人的身心健康有很好的作用，不仅能够达到强身健体的功效，还可以丰富老年人的精神生活，缓解老年人细胞老化的速度，有效预防老年人的一些心理疾病。

3. 游泳是一项需要全身协调配合的运动，不仅能够达到减肥、塑身的效果，还可以有效提高女性的心肺功能，预防心血管疾病的发生。

国内外专家还特别强调了冬泳对人体的免疫系统、内分泌系统、心血管系统等的显著作用。[③] 国内外大量的研究证实，间歇性的冷刺激，尤其是长期坚持有规律的冬泳锻炼，可以增强动脉血管的弹性，增强心血管系

① 陶燕.游泳运动锻炼对中年女性自我概念的影响［J］.广州体育学院学报，2013（2）：101-104.

② 张兴.游泳运动对老年人心理健康的影响［J］.区域治理，2019（39）：242-244.

③ 江宇.冬泳锻炼与人体健康［J］.沈阳体育学院学报，2005（5）：78-80；常青，王禾，赵泽霖.冬泳锻炼对老年人血脂、血清炎性因子的影响［J］.北京体育大学学报，2012（6）：66-69；ZHU W F，HOOKER S P，SUN Y L，et al.Associations of Cardiorespiratory Fitness with Cardiovascular Disease Risk Factors in Middle-aged Chinese Women：A Cross-sectional Study［J］. BMC Women's Health，2014（1）：1-8.

统的机能。[①] 进行冬泳锻炼时，较低的水温可以对人的机体产生明显的刺激，产生平时游泳达不到的效果。相关研究也对中老年女性进行冬泳的锻炼干预，每周3次，每次30分钟，与其他锻炼方式进行对比，从而探讨冬泳对中老年女性动脉血管弹性及心血管机能的影响。结果显示，与其他锻炼项目相比，坚持长期有规律的冬泳锻炼可以有效改善中老年女性的心血管功能及血脂成分。[②]

练习前警示：

女性在进行游泳健身锻炼时，如有耳朵疾病或心血管疾病，要谨慎进行。除此之外，还应该注意以下事项：

1.游泳前要做好热身运动，并做一些拉伸训练，这样可以有效防止运动损伤。

2.建议在餐后1—2小时进行游泳锻炼，不应在饭前空腹进行游泳锻炼。

3.关节损伤患者要在专业人员的指导下进行科学的游泳锻炼，且不宜持续太长时间。

相关研究也指出一些适合游泳锻炼的人群：

1.磨损老化关节病患者，颈椎病、腰椎间盘突出、腰肌劳损患者。

2.长期固定姿势者或者合并颈、肩、腰部不适的人群，例如办公室白领。

---

① MARTINI J, CABRALES P, TSAI A G, et al.Mechanotransduction and the Homeostatic Significance of Maintaining Blood Viscosity in Hypotension, Hypertension and Haemorrthage [J].J Intern Med, 2006（4）：364-372；陈吉棣.有氧运动、基因表达和慢性病 [J].中国运动医学杂志，2002（1）：61-65；江宇.冬泳锻炼与人体健康 [J].沈阳体育学院学报，2005（5）：78-80.

② 朱小烽，李泽鑫.冬泳锻炼对中老年女性动脉血管弹性影响的研究 [J].重庆医学，2017（3）：322-324+328.

3.因做骨关节手术（例如韧带重建术、半月板损伤修复术等）暂不能参加剧烈运动却需要恢复的患者人群。①

第九节　羽毛球

现代羽毛球运动起源于英国，是一项隔网对抗的球类运动，自20世纪90年代，羽毛球运动因其简单、易学的特点在我国逐渐普及，并深受广大群众的喜爱。羽毛球运动是一项全身参与的运动，具有较高的健身性、娱乐性及观赏性。

1. 羽毛球锻炼有利于提升女性心血管系统及呼吸系统的功能。羽毛球运动需要不断地做转体、跳跃、挥拍等各种动作；练习者必须在球场的不同位置进行移动，练习者的上肢、下肢及腰部肌肉必须同时参与，这样才能够加快全身的血液循环，促进心血管系统及呼吸系统的功能。调查显示，在进行大强度羽毛球运动时，练习者的心率能够达到160—180次/分钟；中强度时，练习者的心率能够达到140—150次/分钟；低强度时心率为100—130次/分钟。② 由此可见，羽毛球运动能够加快练习者的心跳速度，增大其肺活量。长期参加羽毛球运动还可以提高四肢的活动能力，增强有氧和无氧供能能力。

2. 羽毛球运动有利于女性力量、速度、灵敏度、柔韧性、耐力等身体

① 吴辉.游泳，水中运动的绝佳选择［J］.理财，2019（7）：70–72.

② 刘敏.羽毛球运动对参与者身心发展的影响探析［J］.新西部（理论版），2015（12）：164+169.

素质的发展。羽毛球运动中的搓球、推球、勾球，以及后场的吊球、扣杀等动作都可以增强练习者上肢的力量；而蹬、跳、跨、击球、扣杀等动作对练习者下肢的力量有很高的要求。在羽毛球比赛中，双方都会利用移动速度、击球速度、反应速度来制胜，这就要求练习者有最快的反应，从而使机体迅速、准确、协调、灵活地完成某项技术动作。这个过程可以提高练习者的速度素质及灵敏素质。羽毛球运动中的前场放球、搓球、勾对角、推、扑，以及后场的回球、吊球、跳杀等动作，都要求练习者有较好的柔韧素质，且一场羽毛球比赛要求练习者必须具有在较长时间内保持快速运动的能力，这又对耐力素质又有较高的要求，因此，羽毛球运动可以发展练习者的柔韧素质和耐力素质。

3. 羽毛球运动有助于女性智力的开发。羽毛球运动要求练习者在紧张的状态下快速思考处理来球，可以促进大脑的血液循环，为大脑提供足够的能量，达到健脑的目的。有研究指出，在参加羽毛球运动的过程中，练习者必须全神贯注，要有细微的观察力及准确的判断力。长时间进行羽毛球运动者必须用脑打球，以促进智力的开发。

4. 羽毛球运动有利于提升女性的心理素质。羽毛球运动是一项在对抗与攻防之间不断转换的运动，要求练习者在短时间内快速、准确地做出判断，并进行反击。长期训练能够有效改善练习者神经系统的灵敏度及协调性，也会使人产生强烈的成就感、幸福感和满足感。另外，经常进行羽毛球运动可以使人的思维变得更加灵活，紧张、激烈的比赛氛围还能够使人兴奋、愉快、积极、乐观。羽毛球运动能够很好地提升练习者的心理素质，有效缓解练习者的精神压力。研究显示，羽毛球运动可以使患有社交焦虑的人群主动与人进行沟通、交流，由悲观的心态转为积极、乐观的心态。①

5. 羽毛球运动有助于加强女性的人际关系。羽毛球作为一项对抗性的运动，不管是在平时练习还是在比赛中，都需要同伴及对手，需要参与者有较好的协作、沟通和交往能力，它是年轻女性用于休闲、娱乐、社会交往的一项体育运动。

练习前警示：

1.在进行羽毛球运动时要加强安全意识，要对运动损伤有一定的了解。在运动前要做好准备活动，不充分的准备活动会使身体机能不适应运动强度，增加在运动中出现损伤的风险。在运动后要做好放松、整理活动，消除疲劳，使机体尽快恢复至正常水平。

2.掌握正确的技术动作。羽毛球是一项对技术要求非常高的运动，错误或不正确的技术动作不仅会影响效果，还会对身体的某些部位造成损伤。

3.在进行羽毛球运动时，要根据自身的身体状况、年龄、体质等选择不同的强度和运动量。一般身体较弱或年龄较大的女性可以选择20分钟—30分钟的较小运动量进行锻炼，小运动量的羽毛球锻炼可以使练习者微微出汗，对练习者的心血管系统和神经系统也具有良好的作用。

4.运动后，要及时加强营养的补充。剧烈运动会大量消耗体内的水、无机盐、糖类等物质，机体处于极度疲劳的状态容易增大运动损伤的概率。因此，运动过后要及时补充水、电解质、蛋白质等，避免运动后营养不足而出现机体功能紊乱的现象。

5.要根据自己的运动水平及运动能力选择适合自己的运动装备，尤其

---

① 朱其跃.羽毛球运动对改善社交焦虑人群现状的作用［J］.科技信息，2011（24）：837.

是在选择球拍时，球拍磅数太高会增大上肢损伤的概率，磅数太低则不易满足锻炼者的健身需求。

6.选择合适的运动场地。羽毛球运动场地一般有水泥地、硅PU场地、木地板场地及有胶皮的木地板场地。水泥地和硅PU场地减震效果差，在其上进行羽毛球运动容易对膝关节和踝关节造成伤害，也容易摔跤，导致擦伤或骨折；单纯的木地板虽然减震效果较好，但是脚掌抓地感较差，也容易导致滑倒和拉伤。

第十节　气排球

气排球是由排球运动演化而来的一项运动，兼具排球运动的竞技性、合作性，因其软性球体减小了排球运动的技术难度，所以在国内流传得很快。1989年国家成立了气排球推广小组，推进了气排球的发展。[①] 近几年，气排球运动在我国开始被广泛推广，有了非常高的受欢迎度。气排球的重量比较小，具有漂浮性，冲击性低，容易被控制，安全性比较高，不仅适合青少年，也适合老年人。

1.经常参加气排球运动能够改善女性心血管系统的功能，加大心脏收缩的力度，提高最大摄氧量。[②] 氧气含量增多、体内的血红蛋白数量增多、血液循环加快都有利于加快体内的新陈代谢。在参与这项运动时，需要连

---

① 刘永祥，郑华伟.我国气排球运动社会化进程中存在问题与发展对策［J］.西昌学院学报（自然科学版），2008（2）：119-122.

② 赵闽江.有氧运动对人体健康的影响［J］.赤峰学院学报（自然科学版），2005（6）：61-62.

续性地用力呼吸，心肺耐力会得到提高。研究显示，平时脉搏为70次/分钟的50岁中年人在参加气排球运动之后脉搏可以达到125次/分钟，对于其他年龄段的人们，同样也有这个效果。[①] 因此这项运动可以有效改善女性的心血管功能，也非常适合大众参与。

2. 气排球运动可以提高女性关节的灵活度。相关研究指出，一些特定的运动例如走路、下蹲、低强度的有氧运动可以保持关节的健康，而气排球这项低强度的有氧运动有助于协调身体的各个关节，提高关节的灵活度。

3. 气排球运动有利于肥胖女性达到瘦身、塑形的目的。气排球运动可以燃烧体内多余的脂肪，一般运动30分钟内消耗的是身体肌糖原的能量，到30分钟才会转化为对脂肪的消耗。[②] 气排球运动虽然强度较小，但持续时间较长，对肥胖人群来说不用太累，就可以燃烧脂肪，是瘦身、塑形的好途径。

4. 气排球运动可以促进绝经后女性的体质健康。有研究对31名绝经后女性进行为期6个月的气排球运动干预，实验后受试者的脂肪率降低，反应时长明显缩短，而骨骼肌、体重、握力、肺活量与实验前相比明显提高，可见气排球可以有效改善绝经后女性的体质健康。[③]

5. 气排球运动对提高中老年女性的身体素质有积极的作用。6个月的气排球训练可以保持中老年女性骨骼肌的肌肉量，降低身体脂肪率及体脂指数，还可以抑制骨密度和强度的下降，对维持身体主要部位的肌肉力量

---

① 穆涛.全民健身与体育文化视角下的气排球研究［J］.当代体育科技，2019（35）：202–203.

② 赵世伟.气排球运动健身价值研究［J］.当代体育科技，2019（34）：236–237.

③ 李荣娟，韦霞，朱欢，李峰，周慧敏.6个月气排球运动对绝经后妇女体质健康的影响［J］.广州体育学院学报，2016（2）：108–112+128.

有一定的作用。①

6.气排球运动可以降低女性患糖尿病的概率。在控制饮食的情况下,经常锻炼的人要比不锻炼的人得糖尿病的概率低很多。有研究显示,每天进行有氧运动30分钟以上可以使患Ⅱ型糖尿病的概率降低30%—40%。长时间进行有氧运动可以提高身体内胰岛素的敏感性,降低血糖。而气排球运动时间较长,能激发体内胰岛素的敏感性,具有降低血糖的功效。

7.气排球运动可以促进女性的人际交往,有效预防心理疾病。气排球是一项多人合作才能开展的运动,趣味性强。运动过程中的交流、沟通、互相配合可以有效促进练习者的人际交往,有助于培养团队意识;在运动过程中,彼此默契的合作、沟通、交流有利于参与者保持愉悦的心情,有效缓解压力,预防心理疾病。

练习前警示:

1.在进行气排球运动之前,要做好充分的准备活动及专项准备活动;热身之后,要注意做好手指、肩、腰、踝各关节的转动和伸屈练习。

2.练习或比赛要注意循序渐进、量力而行,尤其是初学者及身体本身有伤病的女性,要控制好运动量及运动强度,不要急于学习高难度动作,老年女性则不宜进行竞技性过强的运动。

3.要树立正确的心态。气排球是一项需要团体合作的运动项目,在进行气排球运动时,一定注意控制好自己的心态,坚持“友谊第一,比赛第二”的运动理念,避免与对手或者裁判员发生语言及肢体冲突。

① 李荣娟,张瑞,陆碧琼,覃林,李锋.气排球运动对中老年女性身体成分及骨密度和肌肉力量的影响[J].内蒙古师范大学学报(自然科学汉文版),2016(2):285-288.

第十一节　花样跳绳

跳绳是在环摆的绳索中完成各种跳跃的运动，它起源于我国，属于民族传统体育项目，历经了数千年的发展。唐朝将跳绳称为"透索"；宋朝称之为"跳索"；明朝称之为"白索"；清朝称之为"绳飞"；民国以后，其才被称为"跳绳"。[①] 跳绳以具备健身、娱乐、健心等多种功能而深受群众喜爱。跳绳运动操作简单，不受场地、时间限制，花样繁多，老少皆宜，不仅可以帮助人们达到健身、健心的目的，提高体质健康水平，还可以缓解我国体育健身资源不足的问题。

花样跳绳是传统跳绳经不断演进、发展与创新，由过去单一的跳法发展到多种花样的时尚体育项目。近几年来，花样跳绳在我国迅速发展，中国跳绳协会成立，开始有了全国性赛事乃至国际性赛事，花样跳绳运动也以其独特性越来越受到大众的认可。

1. 长期练习花样跳绳可以促进女性身体健康。花样跳绳可以增强心血管、呼吸系统及神经系统的功能。在跳绳运动中，所有与呼吸有关的肌肉都会参与，尤其是胸背部肌肉和膈部肌肉，这些肌肉力量的增强，可以提高呼吸能力，使练习者的血液中含有更多新鲜的氧气，从而提高其心脏及心血管功能。在跳绳的过程中，摇绳和跳绳必须紧密配合，上肢和下肢共同完成动作，而动作的完成需要中枢神经系统的大脑皮层来指挥并调控，因此长时间练习跳绳有利于增强神经系统的功能。

有研究表明，经常练习花样跳绳可以预防骨质疏松、关节炎、肌肉萎

[①]　范轶倩.浅析跳绳运动在全民健身中的地位和作用［J］.当代体育科技，2018（1）：159–160.

缩、肥胖症、糖尿病、高血压、高血脂、便秘、失眠症、抑郁症、更年期综合征等疾病。正因为花样跳绳对人体健康有巨大的促进作用，所以被欧美医学专家评价为"最完美的健康运动"① 。

2. 花样跳绳可以帮助女性达到健身、美体的目的。有研究指出跳绳10分钟可以消耗150千卡 — 200千卡热量，相当于160米/分钟的跑步消耗的热量，而跳绳对下肢关节的冲击力仅是跑步的一半；如果连续跳绳1小时，相当于进行了1小时的拳击训练，消耗的热量可达900千卡左右。因此，练习花样跳绳可以有效消耗热量，减少体脂，以及臀部和大腿部位的脂肪，使练习者身体匀称、形态改善，达到健身、健美的效果。

3. 花样跳绳可以促进女性身体素质的发展。花样跳绳有多种跳法，其中30秒单摇跳、30秒双摇跳、45秒交互绳单摇跳都属于体能主导类速度性项目，长期练习可以提升臀部及腿部的力量，增强身体控制能力，有效促进协调性和灵敏度。3分钟单摇跳和连续三摇跳属于体能主导类耐力性项目，长期练习可提高耐力素质。

4. 花样跳绳能够增强女性的肌肉力量，促进骨骼的生长和发育。经常参加跳绳运动，两手摇绳配合下肢起跳，肢体有节奏地屈伸，有利于四肢肌肉变得结实而富有弹性。美国《新科学家》杂志在2006年报告了诺丁汉大学的研究成果，以绝经前后的女性为实验对象，让她们每天做上下跳跃的动作，一年之后其骨密度增加，就是最易发生骨折的髋部，骨密度也增加了3%。相关学者认为，做跳跃动作可以有效加速全身的血液循环，并且地面的冲击力可以激发骨质的形成。

5. 长期进行花样跳绳有利于改善女性的心理状态，降低焦虑和抑郁。

① 潘利利.从健身角度审视高校体育课程开发和利用花样跳绳项目的价值研究［J］.陕西教育（高教），2014（9）：60+71.

花样跳绳种类多样，富有趣味性，且在音乐中进行，跳绳者可以从跳绳的多种变化中感受到乐趣。有研究以大学生为对象，指出参加了花样跳绳的大学生的匹兹堡睡眠质量指数与实验前相比有显著差异，焦虑和抑郁症状得到了有效缓解，并指出中等强度的花样跳绳促进心理健康的作用最为明显。

6. 与其他运动相比，花样跳绳练习起来更加方便。花样跳绳跳法繁多，有个人项目，也有集体项目，可根据自身条件和爱好任意选择练习方式。花样跳绳的开展要求非常低，只要有一根跳绳，有一片较为空旷的地便可，不受地点、时间、参加人数的限制。跳绳的节奏、绳子的长短都可以根据自身状况被任意调整，它是一项可以随时随地进行的项目。

练习前警示：

1. 跳绳前要做好准备活动，练习完要做好放松、整理活动。

2. 在练习跳绳时，应穿质地较软、较轻的高帮鞋，避免脚踝受伤。

3. 初学者在练习跳绳时应先选用较硬的绳子，熟练以后再改为软绳。

4. 在选择练习场地时，最好选择软硬适中的草坪、木质地板或者土地，切勿在硬水泥地上跳绳，避免出现关节损伤。

5. 在跳绳时要保持肌肉和关节放松，全身协调用力。

6. 中年女性及肥胖者宜采用双脚同时起落的跳法，起跳高度不宜太高。

第十二节　柔力球

柔力球于1991年起源于山西晋中，是白榕教授在解决学生练习拳击中的缓冲问题时突发奇想而创编的一个运动项目。[①] 白榕教授结合现代竞技体育及太极的特点，在不断的摸索中形成了柔力球运动的雏形。在"健康中国""全民健身"等相关政策的引导下，柔力球运动作为一项新兴的东方体育活动项目而广受推崇；2017年，柔力球运动首次进入全运会，更加速了自身的发展[②]。

柔力球是一个很有潜力的运动项目，也是一项新兴的运动项目，沿着圆的向心力轨道出球，有别于其他球类运动以硬性撞击的形式出球。柔力球具有弧形引化、形式多样的特点。弧形引化讲究"借力打力""以柔克刚"[③]，以"迎"的方式化解来球的力，以"抛"的方式产生新的力来出球，这些动作都在连贯的弧形中完成，这正是柔力球与其他球类运动的主要区别。长期练习柔力球可以使颈、肩、腰、腿得到全面的发展，对锻炼者的神经系统及思维能力都有良好的促进作用。

1.柔力球运动可以促进女性神经系统功能的发展。柔力球运动的许多动作都是以髋关节为轴，协同上下肢完成的。在完成动作的过程中强调练习者的精神内守、心球合一，大脑皮层在运动时处于适度紧张状态，能够有效刺激神经系统，提高中枢神经的灵活性，对中枢神经系统的机能有良

① 郑勤, 李恩荆.太极柔力球的发源、发展及现状［J］.湖北体育科技, 2001（3）：79–80.

② 冯苇, 保文莉, 毛健宇.太极柔力球运动对改善中老年女性跌倒风险的效果［J］.昆明医科大学学报, 2020（1）：127–131.

③ 杨建营.太极柔力球运动的文化内涵及其思想根源剖析［J］.北京体育大学学报, 2013（6）：36–42.

好的促进作用，对提升中老年女性的平衡能力也有积极的作用。

2.柔力球运动可以促进女性身体素质的发展。在练习柔力球时，运动轨迹以弧形为主，上肢动作以正反方向交替进行，下肢动作在各关节的配合下完成，另有一些动作在腰部旋转的基础上带动四肢关节完成，这样的运动可使身体的各个关节都得到充分的拉伸，有效发展练习者的柔韧性和灵活性①。有研究指出，长期练习柔力球可以提高老年女性的灵敏素质和平衡能力。②

3.柔力球运动可以有效预防心血管疾病、高血脂及糖尿病。有研究以中老年女性为对象，对其进行为期3个月的太极柔力球运动干预，结果发现该运动可以降低受试者的血清甘油三酯及总胆固醇，促使高密度脂蛋白胆固醇升高，低密度脂蛋白胆固醇下降，对改善中老年女性的脂代谢有明显的作用。③还有研究以老年人为对象进行太极柔力球运动干预，结果也显示这项运动可以改善老年人的血糖、糖化血红蛋白、糖化血清蛋白等指标，对预防、改善高血脂、糖尿病有积极的作用。④

4.柔力球运动可以有效改善女性的身体成分。柔力球运动多由马步、弓步、单腿旋转、单双腿重心移动等下肢动作构成，坚持长时间锻炼，可以增加下肢和躯干的肌肉量，降低身体的脂肪含量及体脂百分比，有效改

① 冯苇，保文莉，毛健宇.太极柔力球运动对改善中老年女性跌倒风险的效果［J］.昆明医科大学学报，2020（1）：127–131.

② 刘茂林.柔力球锻炼对老年女性平衡与灵敏能力及足底压力的影响［D］.南京：南京师范大学，2015.

③ 杨丽娜，门卫东，刘鸿宇，李治，崔建梅.3个月太极柔力球运动对中老年女性血脂的影响［J］.体育世界，2010（3）：55–56.

④ 揭光泽，付爱丽，吴剑明.太极柔力球锻炼对老年人血糖影响研究［J］.体育科技，2016（4）：53–54.

善女性的身体成分^①。

5. 柔力球运动有助于改善女性的身体形态。柔力球运动属于一项低强度的有氧运动，在练习时，需要全身肌肉的参与，长期坚持下去，有利于加快脂肪代谢，有效去除脂肪，起到美化形体的作用。

6. 柔力球运动可以调节女性的情绪。柔力球运动在具有民族特色的音乐中进行，舒展的动作与优美的音乐结合，可以使人的身心得到放松，对调节女性的情绪有很好的效果。在进行柔力球比赛时，需要有坚持、创新、拼搏的精神，柔力球比赛会让人沉浸其中，从而释放压力。有学者^②研究柔力球对老年人身心健康的影响，用焦虑自评量表（SAS）和抑郁自评量表（SDS）对老年人的心理焦虑及抑郁情况进行评价，结果显示这两项评分均降低，可见柔力球运动可以有效促进老年人的心理健康。

练习前警示：

1. 在进行柔力球运动之前，应该做好准备活动。柔力球运动中的很多动作都需要上下肢共同参与，因此，在进行柔力球运动之前，须通过慢跑等准备活动充分拉伸上下肢肌肉及身体的各个关节，避免运动损伤。

2. 在进行柔力球运动时，需要掌握好运动时间。柔力球运动属于一种有氧运动，有氧运动以30分钟—60分钟为最有效的时长。时间太短达不到健身效果，时间太长容易出现疲劳状态。^③

3. 在进行柔力球运动时还要注意营养的补充，合理补充钙质及维生素，这样可以提高骨质含量，避免出现骨折。

---

① 伍娟娟，周美芳，汤桃英，郝志.练习太极拳对中老年人体成分的影响［J］.体育研究与教育，2014（S1）：60-64.

② 刘平，陈伟，冉林武，姚正宁，展志明.太极柔力球运动对老年人身体和心理健康的影响［J］.宁夏医科大学学报，2017（3）：323-325.

③ 丁仲元，曲倩倩.太极柔力球运动对中年女性体质影响的研究［J］.体育科技，2016(2)：49-50.

第十三节　毽球

　　毽球是用脚踢毽子的一种竞技活动①，是我国特有的民间传统体育项目。毽球运动源于汉代，盛行于南北朝和隋唐时期，清代时，踢毽子已经发展到了较高水平；目前，毽球运动已经在亚洲、欧洲、美洲等一些地区得到了广泛推广。毽球体积小、重量轻、成本低，不受场地、时间限制，操作简单，具有健身价值和娱乐价值，在古代就备受女性青睐。

　　1. 毽球运动有利于女性身体素质的发展。在进行毽球运动时，要求眼睛一直紧随毽球的动向，注意力高度集中，并及时将信息反馈到中枢神经系统，做出正确的判断后完成相应的动作，不仅锻炼了大脑的反应能力及控制能力，还有利于提高身体的平衡性和协调性。毽球运动主要通过抬腿、跳跃、屈体、转身等动作带动脚、腿、腰、颈、眼等部位不断活动，这个过程可以锻炼上下肢的肌肉、关节和韧带，其中有一些动作可以使人体的关节做横向摆动，使人体最为迟钝的关节也得到锻炼，加强了各关节和肌肉的柔韧性与灵活度。

　　2. 毽球运动有利于锻炼中年女性的下肢肌肉群。毽球运动的动作多是单脚落地完成的，在连续踢毽子的过程中，需要不断地变换重心来保持平衡。此时，练习者的髋关节、膝关节及踝关节都要不停地做屈伸、绕环、展收等动作，腰肌、骨盆肌、腹肌和下肢的肌肉群都需要参与活动。因此，毽球运动可以有效锻炼下肢所有的肌肉群②。

---

　　①　夏征农，陈至立.辞海（第六版缩印本）[M].上海：上海辞书出版社，2010：892.

　　②　刘攀.全民健身背景下毽球的可持续发展策略研究[J].运动，2018（12）：141–127+142.

3. 毽球运动对预防老年女性的骨质疏松有积极的作用。吴斗雷等学者通过对60名绝经后妇女进行毽球运动干预，发现长期参加毽球运动可以增加绝经后女性的骨密度，并有效改善其骨代谢指标。[①] 宁科、高晓华在《毽球运动对老年人下肢骨密度和骨代谢指标的影响》中同样证实了毽球运动能够增加老年人的骨密度，对预防老年人的骨质疏松有积极的作用。[②] 另有研究以30名绝经女性为研究对象进行毽球运动干预，实验后得出长期坚持毽球运动可以保持体重，降低体脂百分比，有效减缓骨量丢失，对改善平衡能力有积极作用这一结论。[③]

4. 毽球运动具有很高的趣味性和娱乐性，有利于女性释放压力，缓解不良情绪。毽球运动体现为游戏与运动的结合，初学者入门快，参与性强，可以多人共同参与。在进行毽球运动时，毽球在空中的翻转、变化灵活多样，所有的参与者可以感受到运动的趣味性和娱乐性。这种既轻松又愉快的运动对缓解不良情绪、释放压力大有帮助。

练习前警示：

1. 进行毽球运动前应做好充分的准备活动，避免出现运动损伤。

2. 应根据自身情况，合理安排运动负荷。

3. 女性在进行毽球运动时要注意尽量避免经常使用单侧腿踢球，要使双腿的运动能力得到均衡发展。

4. 高血压、冠心病、关节退行性病变患者不宜过多参加毽球运动。

① 吴斗雷，李素，唐晖.毽球运动对绝经后妇女骨密度和骨代谢的作用［J］.北京体育大学学报，2011（7）：60-62.

② 宁科，高晓华.毽球运动对老年人下肢骨密度和骨代谢指标的影响［J］.陕西教育学院学报，2010（3）：109-111.

③ 华冰.毽球运动对绝经后妇女跟骨密度和动态平衡能力的影响［J］.浙江体育科学，2016（1）：95-100.

第四章　健身锻炼原则与健身准备

第一节　健身锻炼原则

一、适宜负荷原则

适宜负荷原则即指健身锻炼者要根据个人的具体情况和人体机能适应规律，在健身锻炼中为自己设定适合的运动负荷量，以达到理想的健身效果。

健身运动时的负荷包括两方面的内容：负荷的量和负荷的强度。量反映的是对机体刺激的量值的大小，强度反映的是对机体刺激的深度。

健身活动中负荷的量指的是次数、时间、距离、重量等，例如抬腿练习20次×3组、健步走40分钟、跑步3000米、哑铃上举2千克×20次×3组，等等。

健身活动中负荷的强度指的是速度、远度、高度、难度等。例如10秒钟完成10个俯卧撑，其中"10个"表示的原本是数量，但要求在10秒

内完成就是有负荷的强度了。再比如跑步，如果是跑3000米，这只是量，你跑得多快、多慢都可以，只要完成规定的3000米距离就行；但如果要在规定的时间内跑完3000米，这个"3000米"就有一定的强度了。至于这个规定时间是多少，也就是负荷的强度定多高则因锻炼者能力不同有很大的个体差异。当健身练习有了强度要求，健身效果自然要比只完成健身的量好得多。

机体会对适宜的负荷产生适应，也就是说随着负荷的不断加大，机体受到的刺激越来越深，所引起的应激越来越强烈，机体产生的相应变化越来越明显，锻炼效果也就越发显著。相反，当负荷超过锻炼者所承受的能力范围，机体便会产生劣变现象，这种劣变现象可能是非正常的体重下降、关节肿痛、睡眠出现问题、总感觉疲惫，等等，这时候就需要调整负荷。正常练习引起的肌肉酸痛经过两三天就能恢复，不必担心是过度负荷。

适宜的负荷可使锻炼者的精神越来越饱满，锻炼热情越发高涨，对工作、生活更加充满希望；反之，可能就是过度锻炼了。

二、循序渐进原则

循序渐进原则指在健身锻炼中，锻炼者要根据个人的健康状况、身体素质等有步骤、有方法、分层次地逐渐推进，使锻炼达到增进健康、增强体质、提高素质和能力的效果。就女性健身锻炼而言，要在以下几方面循序渐进地进行：

1.锻炼的总负荷要渐进式地增加，即由小负荷开始，适应后通过增加量或强度提高总的负荷水平。一般锻炼者要尽量避免同时增加练习的量和强度的做法。

2. 锻炼的动作幅度和力度逐渐加大，即由小的动作幅度、力度逐渐增加幅度，加大力度，避免用力过猛或力度太大使身体受到伤害。

3. 渐进性加快动作练习的速率，切忌在练习之初就进行快速的练习。随着年龄的增长，健身锻炼的动作速度要在可控制的范围之内，不必追求过高的动作速度。

4. 动作难度由低到高，所选择的运动项目或练习手段要与年龄、锻炼水平等相适应。

5. 使用器械要由重量轻的开始，经过一段时间的锻炼，力量能力增强后再适度增加器械的重量。随着年龄的增长，增加的重量要控制在身体所能承受的安全范围之内；不要追求大重量或需要长时间憋气才能完成的器械练习，以避免对健康产生不利影响。

三、经常性原则

经常性原则也称"坚持性原则"或"系统锻炼原则"。指健身锻炼要保持持续性和长期性。锻炼效果的取得要通过人体内部的适应性改造来实现，适合人体生物学规律的锻炼会在人体内部产生有益的适应性改变，这种适应性变化需要一定的时间过程，而且体现在持续不断的锻炼中；如果中断这一适应过程，则人体的生物适应会回到锻炼前的某一水平。人体从不适应到适应是身体各方面机能提高的表现，锻炼效果正是在这种"不适应 — 适应 — 再不适应 — 再适应"中不断进行循环往复，以使锻炼效果不断得到提升。

根据中国营养学会的标准，正常的标准是每周参加体育锻炼或活动的

频度为3次及以上，每次锻炼持续30分钟及以上，每次锻炼的运动强度达到中等及以上。

时时处处能健身，让健身锻炼融入生活，经常性的锻炼就容易实现。

四、身体素质均衡发展原则

身体素质均衡发展原则特指在健身锻炼的过程中使各项身体素质，如力量、耐力、柔韧性、灵敏度、协调性等得到全面、均衡的发展。女性特别要加强薄弱肌群的锻炼，使身体素质的发展全面而均衡。

人体是一个统一的整体，锻炼的效果是身体综合能力的体现。观察发现，在目前的健身锻炼中，就身体肌肉的发展而言，普遍存在几种不协调、不均衡的现象，具体表现在：其一，上下失衡。即女性上肢力量普遍偏弱，下肢力量相对较强。其二，身体前后肌群力量失衡。如大腿前群肌肉力量强于后群肌肉力量，肱二头肌力量强于肱三头肌力量。其三，左右失衡。即习惯用的手臂或腿的力量强，另一侧则力量弱。其四，核心肌群力量普遍不足，致使脊椎得不到应有的保护。以上列举的失衡现象具有普遍性，因此，女性在健身活动中要全面提高各项身体素质，使身体素质均衡发展，特别注意加强对力量素质的训练，这对提高女性的生活质量有极大的帮助。

五、安全性原则

安全性原则指的是为确保个人健身锻炼的安全，锻炼者在物质上、生理上、心理上为健身锻炼做好安全准备，使健身锻炼在安全的情况下进行。

1. 鞋、袜的安全

每项运动都有专业运动鞋，如打篮球有篮球鞋，打排球有排球鞋，打网球有网球鞋，打乒乓球有乒乓球鞋，等等。这类鞋符合专项运动的特点，适应专项竞技需求，符合人体解剖学、生理学、运动力学、人体工程学等原理；它会对从事高竞技运动的职业运动员起到保护作用，降低他们受伤的概率。对于普通的健身锻炼人员，锻炼项目比较广泛，进行什么项目的运动必须穿什么鞋没有必要，也不现实。但不容怀疑的是，鞋对于健身锻炼是非常重要的，是运动装备中首先要重视的。有条件的健身者可以为自己购置多双运动鞋；一般的锻炼者应准备两双运动鞋，一双用于经常从事的专业性强的运动，一双用于平日的慢跑等活动。

健身者选择运动鞋的主要标准应是舒服、合脚、透气。市场上有很多品牌的运动鞋，无论品牌的知名度如何，鞋的购置都要亲力亲为。我们只有将鞋试穿在脚上才能感知其是否适合自己，让人代购运动鞋的做法是不被建议的。一个人的脚会因年龄、身体状况、行走习惯等产生变化，而运动鞋也会因穿着的频次、时间的长短等发生材质老化，鞋底磨损、变硬，变形。因此，普通的健身锻炼者至多每两年左右就要更换一次运动鞋，穿着频率高的鞋的更新时间需更短，以确保自己不因鞋的问题而对健康造成不良影响。健身锻炼所穿的袜子的材质最好以纯棉为主，女性一定避免穿丝袜进行锻炼。

2. 服装安全

健身者要根据季节、温度的变化不断调整锻炼所穿服装。运动过程中身体会出汗，因此，选择衣服时要考虑穿脱方便。贴近肌肤的衣服要卫生、安全、舒适、透气、易干，这样可减少身体的不适感。

3. 做好准备活动，预防运动损伤。

4. 在运动中要适时、适量补水，调节体温，防止因出汗导致身体虚脱。

5. 进行户外运动要选择平整的地面，尽量减少在柏油路上行走或跑步，以免对膝、踝关节等造成损伤。不要在枝杈很分散的树旁进行锻炼，避免刮伤身体特别是眼睛。

6. 血糖高的锻炼者可随身带些糖块，以防出现低血糖现象。

7. 锻炼过程中身体出现任何不适，都要立刻停止一切活动，并及时就医。

8. 在夏季进行室外锻炼，要提前涂好防晒霜，戴太阳镜和遮阳帽。

9. 健身锻炼时要做到：久蹲不骤起，屈膝少弯腰，年龄越大越要注意保护关节。

以上健身锻炼的安全提示，每位女性要牢记于心。

第二节　健身锻炼准备

一、关于饰物

女性对饰品总是爱不释手，但无论怎样喜欢它们，从安全的角度出发，还是建议经常参加健身锻炼的女姓在健身锻炼前将那些长的耳环，重的项链、手镯、戒指，头发上的尖形发夹等饰品摘下并存放好。对于戴眼镜的女性，建议在进行对抗性的运动时最好配戴隐形眼镜或把眼镜架固定好，做到既不影响身体活动，又能保证安全。

二、关于服装

健身锻炼服装选择的基本原则是舒适、透气，利于四肢活动。

颜色：每个人都有自己偏爱的颜色。就锻炼而言，亮丽的色彩能激发神经系统的兴奋性，提高锻炼效果。冬天天气寒冷，草枯花无，可能令人心情沮丧，鲜艳的运动装能顿时使人精神为之一振；夏天天气燥热，如选大红色服装，不免使人心中生火，不如选择清爽的颜色。

面料：贴身穿的面料原则上要有利于健康。面料的选择面很广，针织、速干等都是不错的选择。近些年比较流行速干面料，使出汗时衣服不至于总是贴在肌肤上，因此广受好评。总之，健身服装以健康、舒适最为关键。

季节：季节不同，锻炼时的着装也略有不同。在夏季锻炼时着短衣、短裤；在春季、初秋季节活动时以长衣内搭短袖上衣，着长裤（七分、九分均可）为主；在冬天锻炼时，建议女性外穿长度能盖过臀部的羽绒类服装，待做好准备活动，身体温度升高后再脱掉外套。

三、关于健身目标与计划

良好的锻炼效果是健身人群追求的最终目标。在追求锻炼效果上，男性和女性有着较大的差别。年轻的男性多是为了健美肌肉，能被看到腹直肌（腹直肌形状扁而长，被3—4条横向的腱划分为多块上宽下窄的肌肉）的"八块肌肉"往往是男性的骄傲。对于年长者，健身更多是为了健康，少生病，不给工作忙碌的儿女们找麻烦。年轻女性的健身目标里增加了对美的追求。区别于男性的是女性并不想有发达的肌肉，而要在发展肌肉、追求形体美观等多方面求得平衡。由于年龄、职业等多方面的不同，女性健身锻炼的目标各异，有些人为了娱乐，有些人为了提升生活质量，有些人为了减肥，有些人为了抵抗某些疾病，有些人真正想提高某项运动技能，等等。锻炼的目标不同，实现目标的途径、方法就会有差别。无论实现哪种类型的目标，都需要在锻炼前为自己制订一个实现目标的健身锻炼计划。

制订锻炼计划要考虑锻炼内容、周锻炼次数、每次锻炼的时间长短等几方面的内容。作为普通的健身锻炼者，锻炼时不必刻意像竞技运动员那样制订非常科学、合理、精细的计划，要做到有计划又不唯计划，将健身当成日常生活的一部分，保持经常性的锻炼，进行自己喜欢的锻炼项目并持之以恒，也就能够达到锻炼的效果。

在制订个人健身计划时要考虑以下几点：

（一）选好锻炼的内容

可以选择任何一个具体的运动项目。如果该项目是集体性的项目，如排球，就需要有一个健身群或朋友圈，加入这个群体，参加其中的活动。在集体性的活动中，每周健身锻炼的次数和每次锻炼的时间是群体统一规定的。如果觉得自己在进行群体活动时负荷量大了或小了，可灵活地加减。参加这类群体性项目的好处是锻炼容易持久，有时可能就是为了去和一同参加运动的伙伴聚一聚。时间长了，健身便成了习惯，能坚持就是最难能可贵的收获。

如果是两个人才能进行的运动项目，如乒乓球、羽毛球等，则要有适合自己的锻炼伙伴。伙伴最好有三四个，一方面可以在锻炼的过程中通过换人调节运动负荷，另一方面可保证锻炼伙伴因某些事不能参加时，锻炼仍可持续。

如果独自进行健身锻炼，活动就具有很高的灵活性，不受任何因素影响，只要自己准备好了，随时可以进行。

即便个人可独自进行健身锻炼，为了保证锻炼的可持续性，还是以与几个同伴共同锻炼为宜，这样既健身又怡情。

（二）为自己确定每周锻炼次数的下限

人们都懂得流水不腐、户枢不蠹的道理。职场女性工作很忙，甚至每周都在满负荷地工作，可以说，她们基本没有固定且相对大块的时间段进行健身活动。对于这类人群，用难得的周末休息时间进行一次锻炼也是很困难的事；很多女性通常以睡觉的方式来缓解一周的疲劳。尽管如此，还是建议女性朋友们以积极的方式调节工作带来的疲劳，健身被认为是比较好的调节方式之一。

可以利用一些碎片时间进行健身锻炼，比如在工作的间隙、一般性的工作讨论中、茶水时间、做饭间隙、刷牙过程中、交友聊天时等都可以做一些简单的健身活动；有些小规模的练习甚至可以不被外人觉察就完成了。如将这些零散时间坚持利用下去，也会收到一些锻炼效果，至少对女性长久保持比较好的生活、工作状态是有帮助的。

保持运动状态总是比静止不动更有益于身体健康。要达到健身锻炼的效果，建议每周锻炼至少3次，如果时间允许，则每周5次。学会利用碎片时间进行锻炼，将工作、生活、健身锻炼有机结合，久而久之也会取得不错的锻炼成效。

（三）确定好每次锻炼的时长

世卫组织建议成年人每天进行30分钟的身体活动，中国营养学会推荐每次的体育锻炼或活动时间为30分钟以上。每次健身锻炼时间的长短受很多因素影响，如锻炼内容、锻炼强度、个人的身体状况、年龄等。健身锻炼者可根据自己的具体情况把控锻炼时间的长短。有研究表明，女性每天即便只进行2分钟的阻力训练，坚持10周，肌肉的力量也会增加16%。因此，工作忙、没时间不能成为不锻炼的理由，再忙，每天若干个2分钟也总能抽得出来。只要坚持锻炼，尽管时间短，较之不锻炼或一周只练一次并试图一次把几天的量练完效果要好得多。

作为一个健身锻炼者，不需要对自己的锻炼时间、锻炼强度、锻炼次数太过苛求，贵在坚持锻炼、经常锻炼。当健身锻炼成为一种生活方式，锻炼效果便会回馈自己的身体。

四、关于准备活动

进行健身锻炼，要做的第一件事是做好准备活动。准备活动的作用主要体现为提高中枢神经系统、运动器官、心血管系统、呼吸系统的机能活性，使机体适应锻炼的要求。

普通女性健身锻炼的准备活动较之专业运动员时间短，强度也相对低。专业运动员的准备活动包括一般性准备活动和专门性准备活动两个部分。其准备活动时间为40分钟—60分钟，甚至更长，因为他们要使身体各方面达到承受大负荷乃至极限负荷的要求，所以准备活动必须全面而精致化。仅准备活动的负荷，他们就比一般锻炼者全部锻炼的负荷高得多，而这种做法对普通锻炼者来说是没有必要的，普通锻炼者做好一般性准备活动基本就可以满足健身锻炼的要求。

女性健身锻炼的准备活动的内容和顺序可以这样：慢跑前的各关节灵

活性练习 — 轻松的慢跑热身 — 柔韧性练习 — 按摩四肢并轻拍身体 — 开始正式的健身锻炼。

（一）轻缓活动各关节

轻缓活动各关节主要针对颈、肩、腕、肘、髋、膝、踝。这种活动的目的是在进入准备活动前进行预热，因此活动是轻柔而缓慢的，幅度和力度也是很小的。此时暂不要做各种肌肉拉伸活动。

活动的关节包括颈、肩、腕、肘、髋、膝、踝。

动作形式：翻、转、屈伸。

动作强度：轻、柔、缓慢。

次数：各5 — 10次。

（二）慢跑

慢跑是一种全身各器官、系统都参与的活动，不仅可有效升高身体的温度，还可使身体各器官的机能得到有效的激活和调动。

慢跑时间：根据练习者个体的情况和环境温度慢跑5分钟 — 10分钟，以身体发热或微微出汗为宜。

慢跑的方法：先轻松走50米 — 100米，再开始慢跑。在走的过程中有意识地采取脚滚动式落地法，以使脚底肌肉得到伸展，然后再逐渐过渡到慢跑。慢跑的速度可根据个人情况来控制。

慢跑可在低速中进行，其跑法是步长小点、频率快点、时间长点，速度相当于快步走的速度即可。这种跑法既能活动开身体，又不至于使关节、肌肉及内脏因承受过大的压力而产生不舒服的感觉。

（三）柔韧拉伸练习

拉伸顺序：两臂 — 肩带肌肉 — 躯干部位 — 腰部 — 大腿肌 — 小腿肌 — 踝。

　　运作形式：动力性与静力性结合，主动与被动结合。

　　强度：力度由轻到重，幅度由小到大。

　　数量：根据个人情况和锻炼所需部位决定。

　　没有任何锻炼基础的女性，也可采用广播体操或健身操的形式来进行拉伸。我们都有从小学到中学做了十几年广播体操的经历，每套广播体操都遵循了科学的编排原则和方法，兼顾了上、下、左、右、前、后等全身部位，可以满足零基础的锻炼者在锻炼前活动开身体各部分肌群韧带，达到做好准备活动的目的。随着锻炼频率的增加、锻炼经验的积累、身体各方面能力的提高，再考虑逐步深化准备活动。

（四）按摩四肢并轻拍躯干

　　目的是通过快速按摩放松身体并促进神经兴奋。在拍打身体时要控制好力度，轻轻拍打即可，重度的拍击会对身体造成伤害。

　　经过以上几个步骤的活动，普通锻炼者就可进行正式的健身锻炼了。

五、关于运动中饮水

　　生理学告诉我们，人体所需要的主要营养物质包括糖类、脂肪、蛋白质、水、无机盐和维生素。其中，水是人体重要的组成部分，是维持生命活动必需的营养物质。人体各种营养物质的消化、吸收、运输及废物代谢均通过水来进行，因此，水具有维持物质代谢的作用。此外，水可调节体温，使体温不至于因代谢产生大的波动。

　　成年人体内的水约占体重的60%，由于来源和去路保持恒定，因此，水在人体内保持着一种动态平衡状态。人体内水的来路有三个：饮水、食物、代谢内生水。水的排出有排尿、排便、呼吸蒸发、皮肤排汗四种途径。运动中呼吸加深、加快，高温条件下排汗量增加。

受气温、运动强度、运动持续时间等因素影响，运动时可能产生被动脱水的现象。脱水有如下表现：轻度脱水时会出现口渴、尿少、尿钾丢失；中度脱水时会心率加快、体温升高、严重口渴、疲劳、血压下降；重度脱水时可出现呼吸加快、肌肉抽搐，甚至昏迷。脱水不仅影响健康，还会降低运动能力，因此，及时补水对于锻炼者是极其重要的，特别是在高温、高湿的环境下锻炼，更要注意补水。

因性别、运动项目、运动强度、气温等不同，每个人的饮水量会有所不同。科学饮水要遵循少量多次的原则，并且在运动锻炼前、中、后都要进行补水。

在锻炼前30分钟左右进行补水，视具体情况可补充200毫升 — 400毫升的水。在锻炼的过程中可根据负荷的大小、时间的长短，每10分钟 — 15分钟饮水100毫升 — 200毫升。运动过程中的饮水特别强调少量多次，以免感觉胃部不适。另有研究表明，在运动中过多地饮水还会对运动能力表现有影响。运动后则根据个人的消耗情况进行补水，以保持身体的水分平衡。

饮什么水是锻炼者需要考虑的问题。目前市面上售卖的水种类较多，如纯净水、矿物质水、运动饮料、功能性运动饮料等。对普通锻炼者而言，运动强度不大，补充普通的矿泉水即可。运动时如果出汗过多或在炎热的环境中运动，可饮用运动饮料，这类饮料的可选择范围较大，可根据个人喜好选择。运动饮料，顾名思义，就是适合在运动中喝的饮料。功能性运动饮料多适合专业运动员，这种饮料会根据专业的需要而配制。运动饮料中的糖分对于连续进行90分钟以上有氧运动的人是非常有好处的，所有的运动饮料在不进行健身运动时是不建议饮用的。

水的重要作用是调节体温。从调节体温的角度来说，由于在运动中会出汗、体温升高，低温度的水的调节作用要好过常温的水。从中医学，以及女性生理特点和身体安全角度考虑，女性在健身过程中选择常温水是比较安全的，不至于引起肠胃的不适。

饮水虽很重要，但过多地饮水会给肠胃、心脏、肾脏等带来负担。因此，锻炼者需学会科学、适量地饮水。

六、健身房锻炼必备

有锻炼基础的女性，为达到更好的健身效果，会经常去专业的健身房进行健身锻炼。健身房锻炼的好处在于健身人员较多，消除了一个人进行锻炼的孤单感；锻炼的器械多，想练什么都有相关的专门设备；此外，在健身房锻炼可以得到专业健身教练的指导。

在健身房锻炼的女性需注意下列事项：

1. 带条大号毛巾。健身房里有功能各异的健身器械，出于安全和卫生考虑，在器械上进行练习时可将毛巾铺在上面，目的是避免肌肤直接接触器械。这样既有效地保护了自己，也有利于他人的安全。

2. 对于初次去健身房的女性，明智的做法是请个健身教练。正规的健身房的教练都有健身专业资质，他们可根据你的目标和需求量身定制健身锻炼方案。

3. 带个水杯去健身，以方便在锻炼中适时补水。

七、自备家用健身小器材

适合普通女性健身锻炼的项目很多，健步走、扭秧歌、健美操等几乎不用任何器材、设备即可进行健身锻炼。有了一定的锻炼基础后，健身锻炼的目标和追求会逐渐增加，此时便可适当为自己添置一些小型的家用健身器材来满足健身的需要。这些小型器材有不占地方或占地面积小、使用方便、便于携带等特点。器材虽小，利用这些器材却可发展人各方面的素质和能力。有研究表明，从力量增长的角度而言，使用器材的健身比不使用器材的健身效果显著。对女性来说，可根据自己的情况选购、使用这些小型健身器材。

这些器材包括跳绳、弹力带、拉力绳、拉力器、平衡盘、健腹轮、健身球、瑜伽垫、泡沫轴、小型单杠等。在众多小型器材中，小型单杠相对来说体量大一些，但实际上也仅占用了1平方米左右的面积。利用这个器材可做腹肌练习、背肌练习、俯卧撑、脊柱的伸展练习等，还可辅助做各种拉伸、半蹲、深蹲、支撑高抬腿、弓步跳等练习，其实用性很强。年长者或体能弱一些的锻炼者可以利用手扶器械辅助自己锻炼，使练习在安全上多一层保障。

八、制作简单、方便的健身记录卡

养成记录锻炼情况的习惯最直接的好处是可督促自己坚持锻炼，长期坚持，便会从数据变化中看到自己的锻炼成效。可根据自己的需求确定记录卡的栏目内容，如健身锻炼的日期，健身锻炼的内容，健身锻炼的负荷（量、强度），健身锻炼时的最高心率，健身锻炼过程中、健身锻炼后的身体感觉，等等。年轻人可以将锻炼情况直接记录在手机里，中老年锻炼者可根据自己的喜好记录在手机里或写在纸质的笔记本上。每天锻炼结束，用不了几分钟的时间就可将健身记录完成。当看到记录卡上记录的锻炼天数越来越多、内容越来越丰富，自己感觉身体越来越好时，相信每一位进行健身锻炼的女性内心都会无比喜悦。就让健身记录卡作为我们健身锻炼的见证吧！

参考文献

［1］田麦久.运动训练学［M］.北京：人民体育出版社，2000.

［2］王瑞元，苏全生.运动生理学［M］.北京：人民体育出版社，2012.

［3］［乌克兰］普拉托诺夫.奥林匹克运动员训练的理论与方法［M］.黄签名，等译.天津：天津大学出版社，2014.

［4］中国营养学会.中国居民膳食指南［M］.拉萨：西藏人民出版社，2008.

［5］［澳］卡德维尔.运动营养金标准［M］.北京：人民体育出版社，2010.

［6］曹建民.体能与营养恢复［M］.北京：北京体育大学出版社，2013.

实 | 践 | 篇

女性健身锻炼的 基础体能练习

体能是人体各器官、系统的机能在身体活动中表现出来的能力，这种能力包括力量、速度、耐力、柔韧性、协调性、灵敏度等素质。良好的体能既是健身锻炼的需要，也是健康生活的需要；它对增强体质、增进健康、提高生活质量具有重要的意义。

本章以模块形式分别介绍了柔韧素质、力量素质、协调能力、灵敏素质、耐力素质等基本理论知识和基本的练习方法，大部分练习都有直观的动作图片和练习难度提示。因健身锻炼者的年龄、身体状况、锻炼经历等多有不同，每个练习的负荷需根据个人具体情况而定。建议一个练习进行2—3组，每组次数则需根据自己的能力确定；强度则需通过不同的练习所涉及的速度、角度、幅度、重量等来进行自我调节。

较好的锻炼效果需要有科学的健身锻炼计划并进行系统的练习才能实现。对全天满负荷工作的女性来说，进行有规律的锻炼且在每天固定的时间进行锻炼的可能性相对较小，在一天之内完成每个练习的组数也是可以的，毕竟坚持锻炼最重要。

第一节　柔韧素质练习模块

柔韧性多用于评价全身各关节的灵活程度。如果柔韧性差，在一定意义上会影响力量的发挥、反应的速度、应用的敏捷度及动作的协调表现。不同的运动锻炼对柔韧性的要求不尽相同，健身锻炼活动在总体上对柔韧性的要求不是很高，但良好的柔韧性会对锻炼者身体感觉上的舒适度、动作的舒展性、动作表现的美感度有一定的影响。

通常，柔韧性需要以拉伸的方法进行练习。拉伸方法有静力性拉伸和动力性拉伸，两种方法又都有主动拉伸和被动拉伸的方式。被动拉伸就是需要借助他人或借助器械的外力帮助身体进行牵拉。每个人的柔韧水平不同，施加外力时稍有不慎就有可能对身体造成某种损伤。所以，在健身锻炼时建议以主动拉伸为主，在确保安全的前提下，不排除请他人或利用器械辅助进行身体某些部位的拉伸练习。

一、扶墙压肩（图5–1）

练习方法：面墙站立，距墙面30厘米 — 50厘米。两臂上举，两手扶墙，两手间距离略宽于肩，上体前压。

练习要求：胸、腰向前用力，不要低头。

拉伸形式：动力性与静力性结合。

练习难度：低。

图 5-1　扶墙压肩

二、体前屈压肩（图5-2）

练习方法：两脚开立，略宽于肩。上体前倾，两手搭在与髋部同高或略高于髋部的物体上，上体与两腿约成直角，眼看脚前约1米处地面。练习时，上体用力，有节奏地上下运动。

练习要求：微抬头，塌腰，向下发力。

拉伸形式：动力性与静力性结合。

练习难度：低。

图 5-2　体前屈压肩

三、转肩臂绕环（图5-3）

练习方法：两臂以肩为轴，做360度绕环。转肩绕臂的过程中，两臂向前，向上，向后，再向前，或反向循环进行。可单臂，也可双臂同时进行环绕，还可单臂一个向前、一个向后同节奏绕环。

练习要求：肘关节伸直，动作有节奏；中老年人不要过度甩臂，以防受伤。

拉抻形式：动力为主。

练习难度：低。

图5-3　转肩臂绕环

四、拉伸肩带肌（图5-4）

练习方法：左臂前举，掌心朝上，右臂经胸前向左至两肘相交。此时左臂屈肘夹住右肘关节并向左用力拉伸右臂，上体保持直立，眼睛看右前方。拉伸数秒后换方向，动作、方法相同。

练习要求：屈臂夹紧肘关节并用力。

拉伸形式：静力为主。

练习难度：低。

图 5-4　拉伸肩带肌

五、跨栏坐（图5-5）

练习方法：开始姿势是臀部坐于垫上，一腿直膝在前，另一腿弯曲于体侧，两大腿保持90度角。上体与前腿保持90度，上体与体侧腿努力保持90度，体侧弯曲的腿的大小腿夹角也保持90度，前腿同侧手撑于垫上控制身体坐直。拉伸时，上体向前，胸部向前腿膝关节方向用力，上体和髋关节保持锁紧，另一侧手向前触摸前脚尖，有节奏地做动态拉伸。拉伸到一定程度后两腿交换。

　　练习要求：前膝伸直，保持住几个90度角。拉伸时保持肩、髋在一个平面。

　　拉伸形式：动力性与静力性结合。

　　练习难度：高。

　　练习提示：不适合中老年人练习。

图 5-5　跨栏坐

六、蛤蟆式压髋（图5-6）

　　练习方法：两腿屈膝，左右分开。上体向前俯卧于垫上，两臂置于舒适位置。两大腿与身体均成90度，两腿的大小腿夹角均成90度。练习时向下用力。

　　练习要求：要根据个人髋关节的柔韧程度缓慢、适度用力，尽量不让他人帮忙，以免造成伤害。练习后注意局部放松。

　　拉伸形式：动力性与静力性结合。

练习难度：稍高。

练习提示：不适合中老年人练习。

图 5-6　蛤蟆式压髋

第二节　力量素质练习模块

力量素质是人体肌肉工作时克服或对抗负荷的能力。它是人体实现所有运动的动力源，是所有素质发展的基础；它对其他素质如速度、耐力、灵敏度、柔韧性等具有制约和影响的作用。无论什么年龄段的女性都应将发展力量素质放在重要的位置。

力量有多种分类方法，第一种是从其与所进行的专项运动的关系的角度分为一般性力量和专项力量。对健身锻炼而言，主要是从一般性力量的角度来发展我们身体的力量。第二种是从其与体重的关系的角度分为绝对力量和相对力量。绝对力量就是我们所能表现出的最大力量，相对力量是每公斤体重所具有的最大力量，用公式表示即相对力量=绝对力量/体重。第三种是依据其表现的特点分为最大力量、快速力量和力量耐力。最大力量比较容易理解，即肌肉最大限度随意收缩克服阻力时所表现出的最大力量值；快速力量是在一定的时间内产生的最大力量；力量耐力是肌肉保持一定的负荷所持续的时间的长短。

近几年，核心力量的发展受到体育界的高度重视，其在竞技运动员提高竞技能力中发挥了重要的作用。随着对核心力量认识的不断深化，上至专业运动员，下至小学体育教学甚至幼儿的身体锻炼，都不同程度地融入了核心力量的内容。

核心区包括胸廓、骨盆、髋关节及整个脊柱，共包括了41对肌群和1块膈肌，这些肌群的发展对在健身锻炼中保持正确的姿态，提高身体的平衡、稳定能力，促进全身协同用力，减少损伤等都具有非常重要的意义。核心力量练习可以通过克服自身体重或仅使用小型器械进行，因此，非常适合女性。

力量练习模块分为两部分内容，即一般性力量练习和核心力量练习。

模块一：一般性力量练习

（一）弹力带扩胸（图5-7）

练习方法：两腿左右开立，两臂前举，手抓紧弹力带两端。练习时两臂和胸肌发力向两侧拉长弹力带。

练习要求：选择长度和拉力强度适宜的弹力带，保证扩胸时感受到有一定的阻力。

练习难度：低。

图 5-7 弹力带扩胸

（二）弹力带直臂前拉（图5-8）

练习方法：身体直立，将弹力带踩于脚下，两手抓住弹力带的两端。练习时直臂将弹力带向前拉至双臂水平。

练习要求：身体直立，弹力带长度适宜。

练习难度：低。

图 5-8 弹力带直臂前拉

（三）弹力带颈后臂上举（图5-9）

练习方法：直体站立，将弹力带一端踩于脚下，两手从头部后面抓住弹力带的另一端。练习时，两手紧握弹力带向上拉至头上方，两臂伸直。

练习要求：身体直立，弹力带长度适宜。

练习难度：中。

图5-9　弹力带颈后臂上举

（四）弹力带半蹲走（图5-10）

练习方法：将弹力带绑于两小腿上。两腿屈膝半蹲，向前行走。

练习要求：立腰，行走时重心要平稳，不能忽高忽低。半蹲高度可视个人情况而定。

练习难度：低。

练习提示：练习时有摔倒的可能性，不适合中老年人练习。

图 5-10　弹力带半蹲走

（五）弹力带半蹲左、右移步（图 5-11）

练习方法：将弹力带绑于两小腿上，以半蹲位开始连续向左或向右移动走。

练习要求：立腰，行走时重心要平稳，不能忽高忽低。半蹲高度可视个人情况而定。

练习难度：低。

练习提示：练习时有摔倒的可能性，不适合中老年人练习。

图 5-11　弹力带半蹲左、右移步

（六）哑铃肩上举（图5-12）

练习方法：两腿左右开立。两手持哑铃，屈臂置于肩上方，两肘外张。练习时两臂持哑铃上举并伸直。

练习要求：可根据个人情况调节练习频率或哑铃重量。

练习难度：低。

练习提示：可用不同重量的水瓶、沙子瓶代替哑铃。

图5-12　哑铃肩上举

（七）哑铃扩胸（图5-13）

练习方法：两腿左右开立，两手持哑铃前举。练习时两臂分别向两侧扩胸，反复进行。

练习要求：臂伸直，微抬头。

练习难度：中。

练习提示：可用不同重量的水瓶、沙子瓶代替哑铃。

图 5-13   哑铃扩胸

（八）哑铃飞鸟（图5-14）

练习方法：两腿左右开立，两手持哑铃于体侧。练习时两臂持哑铃侧举至水平，反复进行。

练习要求：根据个人情况或器械重量调节动作速度。

练习难度：中。

练习提示：可用不同重量的水瓶、沙子瓶代替哑铃。

图 5-14   哑铃飞鸟

（九）哑铃小臂提拉（图5-15）

练习方法：两手持哑铃于体侧。练习时两手分别将哑铃提至腋下。

练习要求：尽量不耸肩，根据个人情况或器械重量调节动作速度。

练习难度：中。

练习提示：可用不同重量的水瓶、沙子瓶代替哑铃。

图5-15　哑铃小臂提拉

（十）哑铃颈后臂屈伸（图5-16）

练习方法：两腿左右开立，两手持哑铃于颈后，两肘稍外张。练习时小臂将哑铃从颈后向上举起。

练习要求：根据个人情况或器械重量调节动作速度。

练习难度：中。

练习提示：可用不同重量的水瓶、沙子瓶代替哑铃。

图 5-16　哑铃颈后臂屈伸

（十一）哑铃平推（图5-17）

练习方法：两腿左右开立，两手持哑铃置于胸前。练习时两臂持哑铃向前平推。

练习要求：根据个人情况或器械重量调节动作速度。

练习难度：中。

练习提示：可用不同重量的水瓶、沙子瓶代替哑铃。

图 5-17　哑铃平推

（十二）屈膝小步行走（图5-18）

练习方法：身体直立，两腿屈膝半蹲，大小腿约成90度角。练习时保持起始重心高度向前行走。

练习要求：换腿时重心要保持平稳，不能上下起伏。

练习难度：中。

练习提示：可根据年龄和力量情况适当调节重心高度。

图 5-18　屈膝小步行走

（十三）大弓箭步走（图5-19）

练习方法：立腰，两腿成弓步，交换向前走。交换腿时身体重心保持平稳。

练习要求：重心要平稳，不起伏。弓步时两腿夹角要大。

练习难度：高。

练习提示：中老年女性可调高重心进行练习。

图 5-19　大弓箭步走

（十四）原地弓步交换跳（图 5-20）

练习方法：以弓步姿势开始，两腿同时发力向上跳起，腾起后两腿在空中做前后交换。

练习要求：上体始终与地面垂直。

练习难度：高。

练习提示：若感觉完成动作有困难，可将弓步开度变小或手扶器械辅助完成。

图 5-20　原地弓步交换跳

（十五）原地提踵（图5-21）

练习方法：双脚并拢站立，目视前方。臀部夹紧，腰背挺直。两臂自然下垂，肩放松。练习时脚掌发力将身体向上顶起，保持数秒后回落。当脚跟落地稳定后再开始第二次提踵练习。此练习可前脚掌踩在一定高度的物体上完成。

练习要求：立腰，收臀，头向上顶。重复练习时不要借力。

练习难度：低。

练习提示：可提踵静止30秒 — 1分钟。

图 5-21　原地提踵

（十六）斜面支撑俯卧撑（图5-22）

练习方法：两手分开，与肩同宽或略宽于肩撑于腹前约1米远的物体上，使身体从头至脚呈向前倾斜状。练习时，两臂屈肘，身体逐渐向前直至两臂大小臂夹角约为90度时再用力将身体撑起。

练习要求：练习过程中身体始终保持向前倾斜状。

练习难度：中。

练习提示：手支撑的位置越高，练习难度越低；反之则越高。

图 5-22　斜面支撑俯卧撑

模块二：核心肌群力量练习

（一）芭蕾吸腿平衡（图5-23）

练习方法：单腿站立，另一腿屈膝外展，脚贴住支撑腿膝部，两手臂上举或两手背于体后。

练习要求：立腰，收臀，支撑腿伸直。

练习难度：中。

图 5-23　芭蕾吸腿平衡

（二）燕式平衡（图5-24）

练习方法：两腿前后开立，重心在前腿上，两臂侧平举。练习时上体向前，同时后腿向后举起直至与上体保持水平。头微抬，眼看前方。

练习要求：两腿膝关节伸直，腰背和大腿后部肌肉群保持收缩状态。

练习难度：高。

图 5-24　燕式平衡

（三）单腿支撑平衡（前、后、侧）（图5-25）

练习方法：身体直立，两臂侧平举或置于体侧。练习时一条腿支撑，另一条腿向前（后、侧）抬起，高度约为15厘米，保持至少15秒。

练习要求：立腰，支撑腿伸直。

练习难度：低。

练习提示：

1.两臂垂于体侧较两臂侧平举难度高，练习时可自我调节。

2.此练习可在闭眼的状态下进行，较睁眼练习难度有所提高。

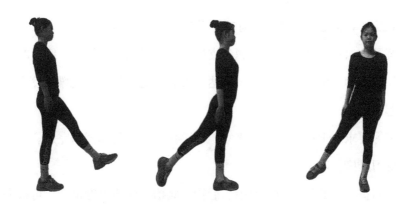

图 5-25　单腿支撑平衡（前、后、侧）

（四）金鸡独立（图5-26）

练习方法：单腿支撑，支持腿同侧臂上举贴近耳侧。另一侧大腿与地面垂直，小腿向后贴向臀部，同侧手勾住脚背，两膝靠拢。保持此动作一定时间后两腿动作交换。

练习要求：支撑腿伸直，上举臂伸直，触臀部腿大腿垂直于地面。

练习难度：中。

图 5-26　金鸡独立

（五）单腿支撑半蹲起（前、后）（图5-27）

练习方法：上体直立，一腿条支撑，另一条腿置于体前。练习时，支撑腿屈膝半蹲，前腿伸直上抬，到达个人的承受极限后，支撑腿发力将身体顶起。

练习要求：上体始终保持直立，可手扶稳固的物体辅助完成。

练习难度：高。

练习提示：此练习腿可前抬、后抬、侧抬。前抬难度最高，可根据个人能力控制所抬高度。

图 5-27　单腿支撑半蹲起（前、后）

（六）平衡盘单腿支撑半蹲起（图5-28）

练习方法：上体直立，一条腿支撑，另条一腿置于体前。练习时，支撑腿屈膝半蹲，前腿伸直上抬，到达个人的承受极限后，支撑腿发力将身体顶起。

练习要求：上体始终保持直立，可手扶稳固的物体辅助完成。

练习难度：高难。

练习提示：此练习动作同单腿支撑半蹲起（前、后），不同点在于支撑腿站在平衡盘上，使得支撑处于不稳定状态，故难度增大。

图 5-28　平衡盘单腿支撑半蹲起

（七）平地俯卧撑（图5-29）

练习方法：手、脚支撑于垫上，身体保持水平，眼注视斜前方。练习时肘部弯曲，身体随之向下，两肘屈至90度时两臂撑起。

练习要求：不要塌腰或翘臀，眼看斜前方。

练习难度：高。

练习提示：两手间距离不同，难度也会不同。

图 5-29　平地俯卧撑

（八）脚高手低位俯卧撑（图5-30）

练习方法：同平地俯卧撑，不同点在于两脚置于高处完成俯卧撑练习。

练习要求：同平地俯卧撑。

练习负荷：次数依个人能力而定。

练习难度：高。

练习提示：

练习俯卧撑可选择不同的难度：

1.宽、窄（指两手位的距离）俯卧撑。

2.夹肘（向下时两肘贴近身体）俯卧撑。

3.非稳定状态下俯卧撑（两手无稳固支点或两脚无稳固支点的非稳定状态下的俯卧撑练习）。

4.不适合中老年人和有心脑血管疾病的人群练习。

图 5-30　脚高手低位俯卧撑

（九）侧桥展体举腿（图5-31）

练习方法：一侧臂屈肘撑于垫上，两腿并拢，侧卧于垫上。练习时支撑臂及躯干肌群发力，将身体向上撑起。另一侧臂向上打开，同侧腿向上抬起，两眼平视前方。

练习要求：肘用力撑起，顶髋。

练习难度：高。

练习提示：能力弱一些的可只做侧撑，完成好后再尝试抬腿。

图5-31　侧桥展体举腿

（十）仰卧背桥（图5-32）

练习方法：仰卧，两臂自然置于体侧，两腿屈膝于垫上。练习时躯干肌群发力，将身体向上顶起。脚跟着垫，脚尖自然勾起（或两脚全脚自然置于垫上）。

练习要求：向上顶髋。

练习难度：中。

图 5-32   仰卧背桥

（十一）八级腹桥（图5-33）

八级腹桥既是核心稳定性的练习手段，也是测试核心稳定性的评价方法。腹桥练习近年来比较受健身人群追捧，尤以平板支撑最受欢迎。八级腹桥的完整动作规格要求和评价标准引自我国著名学者王卫星教授的《高水平运动员体能训练的新方法（2013年版）》一书。八级腹桥第一级和第八级动作相同。第一级至第七级，随着数字的增大，难度相应增加，动作由四点支撑变为三点支撑，最后变为两点支撑。健身者如无法一次性完成八级腹桥，可选取中间任何一级动作进行练习。在进行单一动作练习时，保持动作的时间要长于《八级腹桥动作标准》表中给定的时间。具体能保持多长时间，取决于练习者的个人能力。

练习提示：不适合中老年人和有心脑血管疾病的人群练习。

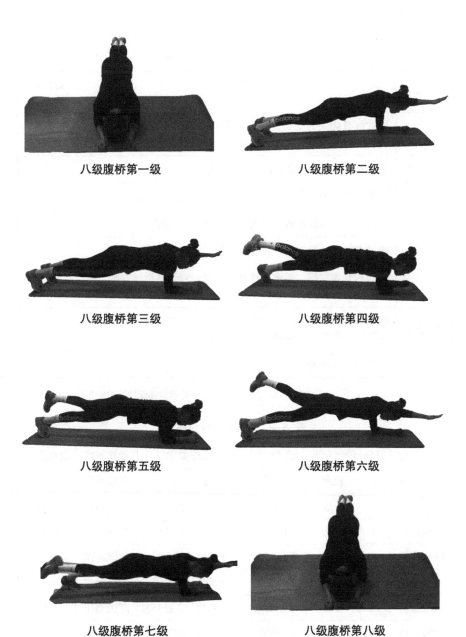

八级腹桥第一级　　　　　　　　八级腹桥第二级

八级腹桥第三级　　　　　　　　八级腹桥第四级

八级腹桥第五级　　　　　　　　八级腹桥第六级

八级腹桥第七级　　　　　　　　八级腹桥第八级

图 5-33　八级腹桥

表 5-1   八级腹桥动作标准

级别	动作要求	保持时间（秒）
第一级	以肘部及脚尖为支点，将身体撑起。要求身体保持中立位，耳、肩、髋、膝、踝始终保持在一条直线上。	30
第二级	抬起右臂。要求直臂抬高，置于耳后。	15
第三级	收回右臂，抬起左臂。要求直臂抬高，置于耳后。	15
第四级	收回左臂，抬起右腿。要求直腿抬高，勾住脚尖。	15
第五级	收回右腿，抬起左腿。要求直腿抬高，勾住脚尖。	15
第六级	抬起右臂和左腿。要求右臂直臂抬高，置于耳后；左腿直腿抬高，勾住脚尖。	15
第七级	收回右臂和左腿，抬起左臂和右腿。要求左臂直臂抬高，置于耳后；右腿直腿抬高，勾住脚尖。	15
第八级	回到第一级的姿势。	30

资料来源：王卫星《高水平运动员体能训练的新方法（2013版）》

表 5-2   八级腹桥评价指标

动作名称	得分	等级标准	动作时间	动作要求	动作等级	动作负荷
一级腹桥	1	较差	30秒	起始姿势	基础动作	低
二级腹桥	3	一般	45秒	抬起右臂15秒	初级动作	中低
三级腹桥	5	一般	1分钟	抬起左臂15秒	初级动作	中低
四级腹桥	6	中等	1分15秒	抬起右腿15秒	中级动作	中
五级腹桥	10	中等	1分30秒	抬起左腿15秒	中级动作	中
六级腹桥	15	良好	1分45秒	抬起右臂、左腿15秒	高级动作	高
七级腹桥	25	良好	2分钟	抬起左臂、右腿15秒	高级动作	高
八级腹桥	35	优秀	2分30秒	保持起始姿势30秒	基础动作	较高

资料来源：王卫星《高水平运动员体能训练的新方法（2013版）》

（十二）平板支撑左、右移（图5-34）

练习方法：以平板支撑位开始。一侧臂和腿同时向外平移一次，另一侧臂和腿接着向同方向平移一次，两侧交替进行；移动过程中平板支撑的基础姿态不变。

练习要求：练习时不要塌腰或翘臀，眼看斜前下方。

练习难度：较高。

图5-34　平板支撑左、右移

（十三）瑞士球直臂腹桥（图5-35）

练习方法：直臂俯撑于地面，两脚置于瑞士球上，保持静力支撑状态。

练习要求：练习时不要塌腰，保持重心稳定。

练习难度：高。

练习提示：

1.因脚在瑞士球上会使球产生移动，故练习者要注意保护自己。如单人进行练习，可将球置于两墙夹角处，以控制球的可移动范围，提高练习的安全性。

2.不适合中老年人和有心脑血管疾病的人群练习。

图5-35　瑞士球直臂腹桥

（十四）瑞士球上前、后移（图5-36）

练习方法：两手撑于垫上，两腿置于球体上。练习时身体在球上向前、后移动。

练习要求：控制好重心。

练习难度：较高。

练习提示：不适合中老年人和有心脑血管疾病的人群练习。

图5-36　瑞士球上前、后移

（十五）瑞士球背桥（图5-37）

练习方法：仰卧于垫上，两臂置于体侧或抱于胸前，两脚置于瑞士球上。练习时两脚跟向下用力，躯干肌群发力，将身体向上顶起，保持静力支撑状态。

练习要求：臀部不要下沉。

练习难度：高。

图 5-37　瑞士球背桥

（十六）瑞士球背桥单腿举（图5-38）

练习方法：在瑞士球背桥的基础上，躯干肌群发力，将身体向上顶起。同时单腿向上抬起，身体与抬起的腿成一条线。两臂置于体侧或抱于胸前。

练习要求：不要收髋。

练习难度：高。

练习提示：需加强保护，参见瑞士球直臂腹桥练习提示。中老年健身者及有心脑血管疾病的人群慎练。

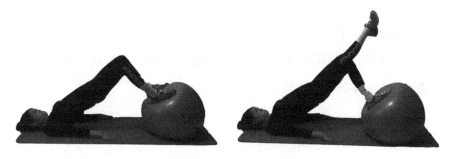

图 5-38　瑞士球背桥单腿举

（十七）V式腹肌（图5-39）

练习方法：坐于垫上，上体抬起，同时举腿。两臂前平举或上举，身体呈V字形。

练习要求：膝伸直，可调整V形角度。

练习难度：低。

练习提示：颈、腰椎疾病患者及中老年健身者慎练。

图5-39　V式腹肌

（十八）仰卧起坐（图5-40）

练习方法：仰卧，两腿屈膝于垫上。练习时腰腹发力，使上体抬起至90度后慢慢落回垫上。两臂屈肘，随身体向前，再回落到垫上。

练习要求：勿抱颈部，练习时要慢落。

练习难度：中。

练习提示：两手尽量不抱头，避免对颈椎产生不良影响。颈、腰椎疾病患者及中老年健身者慎练。

图 5-40　仰卧起坐

（十九）连续收腹两头起（图5-41）

练习方法：仰卧于垫上，上体与两腿同时离垫做相向运动，手可触膝关节或触至踝关节。动作连续进行。

练习要求：上下肢要协调配合。

练习难度：高。

练习提示：颈、腰椎疾病患者及中老年健身者慎练。

图 5-41　连续收腹两头起

（二十）锻炼腰侧肌（图5-42）

练习方法：侧卧于垫上，两腿并拢。两手相交于脑后，躯干和腿同时相向发力。

练习要求：尽量保持侧卧姿势，躯干与下肢同步发力。

练习难度：中。

练习提示：颈、腰椎疾病患者慎练。

图 5-42　锻炼腰侧肌

（二十一）俯卧小燕飞（图5-43）

练习方法：俯卧于垫上，臀、腰、背部肌肉收缩。两腿和上体同时向上抬起，保持静态数秒。

练习要求：不必太过用力，使背部肌群保持一定的紧张度即可。

练习难度：中。

练习提示：腰椎疾病患者须遵医嘱。

图 5-43　俯卧小燕飞

（二十二）双膝跪撑推拉健腹轮（图5-44）

练习方法：双手握健腹轮，屈膝跪于垫上。练习时将健腹轮前推，重心随之前移至最大控制范围后向后拉回健腹轮。

练习要求：重心随轮前后移位。

练习难度：高。

练习提示：中老年健身者及有心脑血管疾病的人群慎练。

图 5-44　双膝跪撑推拉健腹轮

（二十三）直腿站立推拉健腹轮（图 5-45）

练习方法：直腿站立，双手持轮呈体前屈姿势。练习时直臂、直腿将健腹轮前推，重心随之前移，推至最大可控角度时回拉健腹轮。

练习要求：重心随轮前后移位。

练习难度：高。

练习提示：中老年健身者及有心脑血管疾病的人群慎练。

图 5-45　直腿站立推拉健腹轮

（二十四）平地俯撑抬腿跑（图5-46）

练习方法：两手、两脚支撑于地面，身体与地面平行。练习时大小腿折叠，以膝领先跑动。

练习要求：抬腿时大小腿注意折叠，眼注视斜前方。

练习难度：中高。

练习提示：中老年健身者及有心脑血管疾病的人群慎练。

图 5-46　平地俯撑抬腿跑

第三节　协调、灵敏素质练习模块

协调与灵敏紧密相关，不可分割。协调是灵敏的基础，指身体内在的协调，即人体自身各器官、系统的协调和完善；灵敏指人对外界突变的环境的应答和反应能力。这种应答和反应的水平有赖于内在协调水平的高低。人体神经系统的良好发育状态是协调、灵敏素质的生理学基础。

一、动物爬（图5-47）

练习方法：两手、两脚前后分开撑于地面。左手—右脚—右手—左脚向前爬行，眼注视斜前方。

练习要求：四肢要协调配合。

练习难度：中。

练习提示：中老年健身者及有心脑血管疾病的人群慎练。

图 5-47　动物爬

二、脚跟、脚尖协调移动走（图5-48）

练习方法：以向左移动为例，身体直立，两脚跟靠拢呈八字姿势。练习时左脚尖不动，左脚跟向左转，同时右脚跟不动，右脚尖向左转（此时两脚尖相对）；左脚跟不动，左脚尖向左转，同时右脚尖不动，右脚跟向左转（两脚回到八字状）。依次连续向左行走。向右移动方法相同、方向相反。

练习要求：身体直立，不要低头看脚。

练习难度：中。

图5-48　脚跟、脚尖协调移动走

三、侧交叉步走（图5-49）

练习方法：侧向站立，以右腿对着前进方向为例，练习时上体保持侧对前进方向；左腿经前迈向前进方向（形成两腿交叉），右腿随后从后跟上左腿成并步；左腿从右腿后向前进方向迈步（形成两腿交叉），右腿随后经前跟步。循环进行。

练习要求：髋扭转，上体侧对前进方向。

练习难度：低。

练习提示：中老年健身者慎练。

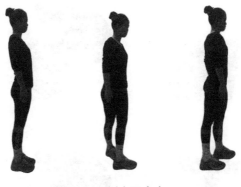

图 5-49　侧交叉步走

四、立卧撑跳起（图 5-50）

练习方法：以站立位开始。第1拍，下蹲，两手撑地；第2拍，两腿后撤并伸直，身体保持水平；第3拍，收回双腿同第1拍动作；第4拍，从蹲撑状态快速向上跳起。

练习要求：动作要连贯、协调。

练习难度：中高。

练习提示：中老年健身者及有心脑血管疾病的人群慎练。

图 5–50   立卧撑跳起

五、三角区滑步移动（图 5–51）

练习方法：上体保持直立，两腿屈膝半蹲开始。由 a 点至 b 点，脸朝向三角形里，右腿领先向右侧滑步；由 b 点至 c 点，脸朝外，左腿领先向左侧滑步；由 c 点至 a 点，脸朝向三角形里，右腿领先向右侧滑步。第二次练习从脸朝外开始。

练习要求：身体要稳定，滑步动作要连贯，重心要平稳。

练习难度：中。

练习提示：中老年健身者及有心脑血管疾病的人群慎练。

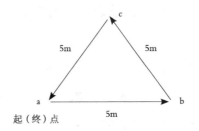

图5-51　三角区滑步移动

六、十字变向跑（图5-52）

练习方法：从a点出发，迅速跑至O点，后转身后退跑至c点，再从c点跑回O点；在O—b区间做横向侧交叉步，再从b点做侧交叉步回到O点，最后从O点后退跑到a点结束。

练习要求：后退跑脚向后伸，上体不要后仰；要根据个人能力控制练习速度。

练习难度：高。

练习提示：中老年健身者及有心脑血管疾病的人群慎练。

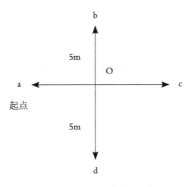

图5-52　十字变向跑

七、六边形跳转体（图5-53）

练习方法：将六个标志物摆成六边形，编号为a—f。每两个相邻标志物相距0.6米—1米。练习从X点开始，双脚跳过a点，然后两脚位置不动，跳回X点并面向f点；跳过f点，跳回X点并面向d点或c点。最终将六边形各点跳完回到X点。从各点跳回X点时需在空中完成转体，转体度数根据个人能力而定。

练习要求：空中转体转至要面对的标志物；标志物要低而平，以保安全；标志物的间距要根据练习者的能力而定。

练习难度：高（每一跳隔一个标志物则难度提高）。

练习提示：中老年健身者及有心脑血管疾病的人群慎练。

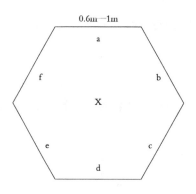

图5-53　六边形跳转体

第四节　有氧耐力练习模块

有氧耐力是人体长时间进行有氧工作的能力。氧供充足是实现有氧工作的先决条件，氧供充足与否是制约有氧耐力素质的关键因素。有氧耐力的练习时间一般不少于20分钟。

一、超慢跑

场地条件：塑胶场地、平整的草地或土地。

练习难度：低。

练习提示：超慢跑速度控制在快步走的速度即可。

二、变换速度跑

练习方法：快跑与慢跑交替进行。例如，200米快跑与200米慢跑交替、200米快跑与100米慢跑交替，等等。

练习要求：根据个人情况调节快跑、慢跑距离。

场地条件：塑胶场地、平整的草地或土地。

练习难度：较高。

练习提示：中老年健身者及有心脑血管疾病的人群慎练。

三、跟着音乐随意舞蹈

素材：各种有节奏感的音乐。

动作内容：多做挥臂运作及各种步法，融进滑步、小跳等动作；节奏可慢可快。

练习要求：身体放松。

练习难度：中。

练习提示：中老年健身者以动作舒缓为宜。

四、有氧健身操

资料来源：自编或从网上下载的整套视频，可用广播操代替。

练习难度：中。

练习提示：根据年龄选择音乐类型和快慢节奏。

五、游泳

泳姿：蛙泳、仰泳、自游泳、蝶泳等。

练习要求：下水前要做好准备活动及卫生防护。

练习难度：蝶泳难度最高。

练习提示：有心脑血管疾病的人群慎练。

六、跳绳运动

练习方法：双足跳绳、单足换腿跳绳、半高抬腿跑跳绳、高抬腿跑跳绳、花式跳绳、双摇跳、三摇跳等。

练习要求：手的摇动节奏要与跳跃协调配合。

练习难度：可控。

练习提示：跳绳既可练协调能力，也可练耐力。中老年健身者及有心脑血管疾病的人群慎练。

第六章　生活场景中的
　　　　健身锻炼

随着社会现代化水平的不断提高，人们的大量重复性劳动被机器替代了，人们从事体力劳动的时间减少，肥胖率日渐增高，身体出现"三高"症状的人数量在不断增加。上班族工作压力大，满负荷的工作安排挤掉了每天的锻炼时间，限制了每周的锻炼次数，使其想锻炼而没时间锻炼。将健身锻炼融入生活的各个场景，与日常生活结合起来，这对于工作忙碌的女性朋友是可行的办法，她们可以时时、处处锻炼，有5分钟、10分钟的时间就可以锻炼。

本章将介绍上下班途中、久坐时、刷牙时、做饭间隙、看电视时等日常生活场景中的健身锻炼方法。

第一节　在上下班途中锻炼

上班10分钟：

开车族可早出家门10分钟，利用这10分钟的时间进行健步走锻炼；

乘坐公共交通工具的职业女性可选择走1—2站上车或提前1—2站下车走到工作单位；打车族也可提前1—2站下车，然后步行到达工作单位。

下班20分钟：

下班在时间上比上班从容了许多，没有了上班急匆匆打卡怕迟到的精神压力。开车族可以在准备开车回家前在车旁做5分钟左右的伸展操，既能舒展身体，也可缓解一天工作的疲劳，然后再启动车往家行驶。到家停车后可在住宅附近健步走10分钟—15分钟，这样既健了身，也调整好了回家的心情。乘坐公共交通工具者或打车族比开车族有更灵活、便利的锻炼条件，上车前后都有比上班时更充足的时间进行健步走锻炼。

行走在上下班途中，可适当加入用前脚掌走路的方法，这会对健身更有益处。

如果工作单位离家不远，在气温适宜、空气质量好的情况下，每周可选一天或者更多的时间绿色出行，或骑车，或健步走，健身又环保。

在运动装备上，有车族要在车上为自己备一双运动鞋，方便随时进行锻炼。乘车族如不能穿运动鞋上下班，可选择穿休闲类鞋子，既适合一般性工作场合，也便于途中行走。

健步走是有氧性运动，我们可以在一天的活动中把这种有氧运动的时间进行累计，每天累计不少于30分钟，每次锻炼时间不少于10分钟并长期坚持。健步走的步数并非越多越好，建议控制在6000—10000步。身体较胖的女性要适当控制走的时间和距离，平时多加强大腿前群肌、踝关节的肌肉力量，以保护膝、踝关节不致因此而受损。

第二节　利用座椅锻炼

一、支撑抬腿（图6-1）

练习方法：身体直立，双手扶椅背。一条腿支撑，另一条腿膝高抬，使大腿与地面保持水平，脚尖不超过膝关节垂线。两腿交替高抬腿。

练习要求：头向上顶，重心上提，支撑腿伸直。

图6-1　支撑抬腿

二、座椅侧撑展体（图6-2）

练习方法：将座椅靠于稳固的物体旁，侧对座椅。一小臂撑于椅面上，两脚靠拢撑于地面，整个身体成一条直线。保持数秒后换方向。

练习要求：身体成直线，髋部不要下沉。座椅要靠在稳固的物体旁，以确保安全。

练习提示：如椅面较硬，可利用沙发做侧撑。

图 6-2   座椅侧撑展体

三、座椅单腿半蹲起（图6-3）

练习方法：背对椅子站立，将一只脚的脚背搭在椅子上，另一条腿支撑站立。练习时支撑腿屈膝下蹲至大腿与地面保持水平，控制膝关节垂线，使之不超过脚尖。蹬起时支撑腿大腿向上发力，直至该条腿伸直。

练习要求：慢蹲快起。

图 6-3　座椅单腿半蹲起

四、单支撑上体屈伸起（图6-4）

练习方法：开始时姿势如图6-3。练习时上体前倾，靠向前腿。支撑腿的另一侧手臂随身体自然向前（可手持重物），直至接近地面，然后抬起上体及手臂。

练习要求：动作过程中两腿保持原有姿势不变。

图 6-4　单支撑上体屈伸起

五、足屈伸（图6-5）

练习方法：坐于椅上，双腿前举，足屈伸。

练习要求：一拍一动，充分屈伸。

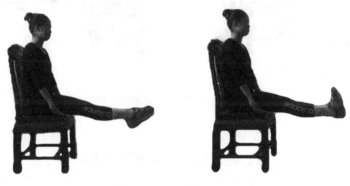

图6-5   足屈伸

六、座椅小腿前上举（图6-6）

练习方法：上体直立，坐于椅上。两手撑于椅面或置于椅背。小腿并拢，自然下垂。练习时两小腿同时向上抬起，停留数秒后回到开始时的姿势。脚面上可放不易滚动的重物。

练习要求：练习时不要借助惯性。

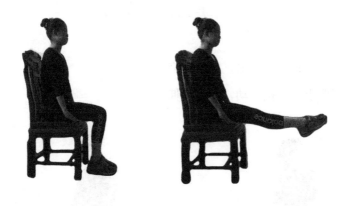

图 6-6　座椅小腿前上举

七、坐式弹力带臂拉伸（图6-7）

练习方法：坐于椅上，腿伸直，将弹力带套于前脚掌。练习时两手向后拉弹力带。

练习要求：上体挺直，腿伸直。

图 6-7　坐式弹力带臂拉伸

八、坐姿收腹（图6-8）

练习方法：坐于椅上，两手撑于椅面或抓住座椅边缘。练习时将两腿膝关节抬至胸前，停留数秒后回落。

练习要求：练习时不要借助惯性。

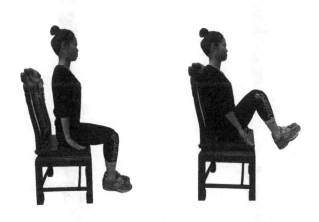

图 6-8　坐姿收腹

第三节　利用做饭间隙锻炼

一、转肩臂绕环（图6-9）

练习方法：两臂以肩为轴，做360度绕环。在转肩绕臂的过程中，两臂向前，向上，向后，再向前，或反向循环进行。可单臂，也可双臂同时进行环绕；也可单臂一个向前、一个向后做同节奏肩绕环。

练习要求：手臂伸直，动作要有节奏。中老年人不要过度甩臂，以防受伤。

图 6-9　转肩臂绕环

二、肩背后面手牵手（图6-10）

练习方法：站立。一只手置于肩后，另一只手从背后向上找上面的手。

练习要求：挺胸，立腰。可找熟悉自己的柔韧性的人帮忙拉近两手。

图 6-10　肩背后面手牵手

三、肩胛练习（图 6-11）

练习方法：两手在脑后交叉，肘外展，两肘用力向后抻。

练习要求：上体直，立腰；肘最大限度外展。

图 6-11　肩胛练习

四、提肛收缩（图6-12）

练习方法：两脚自然开立，腹部放松，两手置于腹部。练习时肛门向上收缩，收缩2—3秒后放松。

练习要求：手放在腹部，腹肌不要用力。

图6-12　提肛收缩

五、单腿支撑举腿（前、侧、后）（图6-13）

练习方法：身体直立，两臂置于体侧。一条腿支撑，另一条腿向前（侧、后）举起并伸直，脚离地面15厘米或以上。在每个方向至少保持15秒以上。

练习要求：腰背挺直，支撑腿伸直。

图 6-13　单腿支撑举腿（前、侧、后）

六、原地提踵（图6-14）

练习方法：双脚并拢站立，两眼平视，臀部夹紧。练习时脚掌发力，将身体向上顶起。头向上顶，保持静止，几秒后回落。重复进行。

练习要求：立腰，头向上顶，尽可能地向上提脚跟。

图 6-14　原地提踵

七、足尖走（图6-15）

练习方法：头正，眼平视，身体直立，挺胸，收腹，臀部夹紧。行走时脚跟提起，脚尖着地，慢慢向前。

练习要求：脚大姆指用力。

图 6-15　足尖走

八、原地踏步高抬腿（图6-16）

练习方法：身体直立。一条腿支撑，另一条腿屈膝，使大腿与地面保持水平，两腿交替前抬。两臂向前后自然摆动。

练习要求：立腰，支撑腿伸直。脚落地时方向要正。

图 6-16　原地踏步高抬腿

九、双脚轻轻跳（图6-17）

练习方法：两腿发力，向上跳起，脚尖离地即可（也可单脚跳）。

练习要求：身体保持适度紧张，不要太松懈。

图 6-17　双脚轻轻跳

十、提肩与沉肩（图6–18）

练习方法：身体直立，两肩上提，停留数秒后放松下落。反复进行。

练习要求：体会沉肩时的放松感觉。

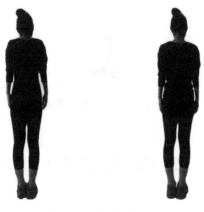

图 6–18   提肩与沉肩

第四节   利用刷牙时间锻炼

人们每天早上起床后、晚上睡觉前都需要认真刷牙。专业的牙医会告诉我们刷牙无小事，马虎不得，需用3分钟 — 5分钟的时间才能比较好地刷完全部牙齿。工作忙、没时间锻炼的女性如把刷牙的时间利用起来，选择合适的小练习并长期坚持，对健康是大有益处的。此处仅示范几个小练习，以供参考。女性朋友们可以充分发挥个人的想象力和创造力，设计一些既不影响认真刷牙，也能顺便进行健身的练习。

一、屈膝半蹲式刷牙（可单腿支撑）（图6-19）

练习方法：上体直立，双（单）膝半蹲，脚尖不超过膝垂线。

练习要求：下蹲时腰背保持直立。

图 6-19　屈膝半蹲式刷牙（可单腿支撑）

二、金鸡独立式刷牙（图6-20）

练习方法：单腿支撑，同侧臂上举；另一侧脚向后靠向臀部。

练习要求：上举臂伸直，触臀部腿的大腿要垂直于地面。

图 6-20　金鸡独立式刷牙

三、原地提踵式刷牙（图6-21）

练习方法：双脚并拢站立，挺胸，收腹，立腰，臀部夹紧。练习时脚掌发力，将身体向上顶起，脚跟上提。

练习要求：头向上顶。

图 6-21　原地提踵式刷牙

第五节　利用看电视时间锻炼

一、颈部活动（图6-22）

练习方法：以站姿开始。一种方式是双手相交，置于颈后，头向后用力，两手护住颈部向前用力（可将毛巾置于颈后，双手向前拉毛巾）。另一种方式是右手经后置于颈左侧并勾住，头用力向左倾，停留数秒后换方向。

练习要求：面朝前，不低头。动作要缓慢，适度用力。

图 6-22　颈部活动

二、屈肘扩胸，直臂伸展（图6-23）

练习方法：一种方式是两臂屈肘扩胸、直臂扩胸。另一种方式是双手胸前交叉向前翻转，两掌心向前。双手收回至胸前，互握并向上伸展，直至两臂置于两耳侧。胸向前挺。

练习要求：上体直立，立腰，挺胸。

图 6-23 屈肘扩胸，直臂伸展

第六节　床垫上的运动

一、团身摇篮摇（图6-24）

练习方法：坐于床上，团身抱膝前后摇动。个人可根据自身能力确定前后摇动的幅度。

练习要求：滚动困难的锻炼者可改为双手抱大腿后肌群进行练习。

图 6-24　团身摇篮摇

二、仰卧八字分腿拉伸（图6-25）

练习方法：仰卧于床垫上，两腿抬起，与身体成90度，两大腿分开。两手扶住两大腿，两腿向上拉伸。

练习要求：两腿伸直。

图 6-25　仰卧八字分腿拉伸

三、跪坐前倒（图6-26）

练习方法：跪于床垫上，臀部坐在脚踝处。上体前俯，两臂前伸，胸贴向床垫。

练习要求：身体向前倒时，臀部尽量向后用力。

图 6-26　跪坐前倒

四、猫式伸展（图6-27）

练习方法：跪姿，两手同时撑于床垫上，眼看正下方。练习时，在低头的同时背向上拱起，然后腰背向下塌，同时慢慢抬头。

练习要求：呼吸协调配合。

图 6-27　猫式伸展

五、跪撑向后倒体（图6-28）

练习方法：上体直立，两膝间距与肩同宽跪于床垫上，大小腿约成90度。练习时上体慢慢向后倒，两手于脚踝处将上体撑住。当身体后倒至一定程度时抬起上体，回到开始时的姿势。

练习要求：根据个人能力控制倒体幅度。

图 6-28　跪撑向后倒体

六、屈膝仰卧起坐（图6-29）

练习方法：仰卧于床垫上，两脚踝关节置于床垫的边缘。练习时，上体抬起，两手扶于头后（或上举，或置于胸前，或置于体侧）。脚跟勾住床垫边缘，膝微屈，收腹并抬上体。

练习要求：抬体时两手不用力。

图 6-29　屈膝仰卧起坐

七、仰卧骑行（图6-30）

练习方法：仰卧于床垫上，两腿举起，空中模仿骑自行车动作。

练习要求：动作幅度根据个人能力可大可小。

图 6-30　仰卧骑行

八、俯卧飞鸟（图6-31）

练习方法：俯卧于床垫上，两臂侧展。练习时两臂与肩同时向上抬起，胸部离开床垫，然后回落。两腿协同用力。

练习要求：协同发力时力度不要过大。

图 6-31　俯卧飞鸟

附｜录

健身锻炼与营养

第一节　营养的补充

　　科学、有效的健身不仅需要一定的理论知识、科学的设计、有效的实践，还需懂得营养。掌握一定的营养学知识，能够帮助我们懂得吃什么、怎么吃、吃多少才是对身体最有益的。这就需要我们了解人体所需的营养成分及其来源，制订合理、均衡的膳食营养计划。我们需要从合理、均衡的膳食中获取足够的热量和营养来维持我们每天正常的生命活动，以及适度、适量的健身活动。研究表明，成人每天需要从食物中获取不少于1600千卡的热量。

　　在制订合理、均衡的膳食计划时，我们一方面要吃进去足够的食物来摄取热量，另一方面又要控制饮食。饮食要遵循"食物多样性"原则，合理搭配一日三餐，以保障我们健康地生活、健康地进行身体锻炼。

一、人体所需的各种营养素

（一）基础营养素的补充

我们每天所需的热量主要来自脂肪、蛋白质及碳水化合物三种基础营养物。

1.脂肪

人体内脂肪的主要功能是储存能量、保护内脏及保持正常体温。它主要由碳（C）、氢（H）、氧（O）组成，存在于动植物体内且不溶于水，能量密度高于蛋白质及碳水化合物，每克脂肪大约可以产生9千卡的热量。从组成上来看，脂肪主要分为单纯脂（甘油三酯）、复合脂（磷脂、糖脂及脂蛋白）和衍生脂（胆固醇）；从脂肪分子中氢原子的多少来分又可以分为饱和脂肪酸、不饱和脂肪酸及多不饱和脂肪酸（如表7-1所示）。

表 7-1　脂肪的分类及分布

分类	分布
饱和脂肪酸	牛肉、羊肉、猪肉、鸡肉、水生贝类、植物起酥油、奶油、蛋黄、猪油、牛奶、巧克力等
不饱和脂肪酸	鳄梨、腰果、橄榄果、橄榄油、花生、花生油等
多不饱和脂肪酸	杏仁、人造黄油、葵花籽油、玉米油、大豆油、胡桃、鱼肉等

资料来源：[美]施瓦辛格著《施瓦辛格健身全书》

摄入的过于饱和的脂肪有可能滞留体内，阻塞动脉血管，增加患心脏病的风险，且有可能导致血液中胆固醇含量增高。因此，营养学专家建议，人体摄入的脂肪中，不饱和脂肪酸必须占2/3。

2.蛋白质

蛋白质主要由碳（C）、氢（H）、氧（O）及氮（N）组成，存在于人的皮肤、骨骼及肌腱中，在人体中的主要功能是生成、修复、维持肌肉组织。在健身锻炼中，我们需要补充大量的蛋白质来促进肌肉的增长和修复，每克蛋白质大约产生4千卡的热量。根据营养价值，可将蛋白质分为完全蛋白质、半完全蛋白质和不完全蛋白质三类。蛋白质主要的食物来源分为动物性和植物性两类，动物性蛋白质的氨基酸可用性比例高于植物性蛋白质，但动植物蛋白质混合食用会产生更高的营养价值。我们日常生活常见食物中蛋白质含量如表7-2所示：

表 7-2　常见食物中蛋白质含量（g/100g）

食物名称	蛋白质含量	食物名称	蛋白质含量
猪肉	13.82	稻米	8.50
牛肉	15.82	小米	9.70
羊肉	14.32	面粉	11.00
鸡肉	21.50	大豆	39.20
鲤鱼	18.10	红薯	1.30
鸡蛋	13.40	大白菜	1.10
牛奶	3.30	花生	25.80

资料来源：陈吉棣主编《运动营养学》

3.碳水化合物

碳水化合物也称"糖类"，是人体最容易获取能量的来源，由碳（C）、氢（H）、氧（O）等分子构成。植物主要通过光合作用，动物主要通过糖原合成产生碳水化合物，1克碳水化合物可以产生4千卡的热量。

根据分子结构，碳水化合物可以分为单糖、双糖及多糖三类，它们的特点各不相同（如表7-3所示）：

表 7-3　碳水化合物的分类及分布

分类	分布		
单糖	葡萄糖 （血液中的糖）	果糖 （水果中的糖）	半乳糖 （一种牛奶中的糖）
双糖	蔗糖 （食用糖）	乳糖 （牛奶中的糖）	麦芽糖 （用麦芽发酵谷物获得的糖）
多糖	植物多糖 （淀粉、纤维素）	动物多糖 （糖原）	

资料来源：[美]施瓦辛格著《施瓦辛格健身全书》

（二）微量营养素的补充

微量营养素的补充也是非常有必要的，在这里主要介绍维生素和矿物质两种微量营养素。

1.维生素

维生素（Vitamin）的主要功能是维持人体正常的代谢并协助完成机体特殊的生理功能，促进多种生化反应，参与机体各种酶的合成，其结构不稳定，在加工和烹饪过程中容易被破坏。维生素主要分为水溶性维生素和脂溶性维生素（如表7-4所示）：水溶性维生素主要协助能量代谢并促进红细胞生长，不会在体内储存；而脂溶性维生素可以溶解并储存在人体的脂肪细胞中，主要维持机体正常的生理功能。

表 7-4　维生素分类及分布

分类		分布
水溶性维生素	维生素C（抗坏血酸）	新鲜水果（如山楂、枣、柑橘、猕猴桃）、蔬菜（如辣椒）
	维生素H（生物素）	蔬菜、蛋类、动物肝脏、动物肾脏等
	维生素M（叶酸）	蔬菜、水果、动物肝脏等
	维生素B1（硫胺素）	干酵母、豆类、瘦肉、米糠、麦麸等
	维生素B2（核黄素）	动物肝脏、酵母、鸡蛋、绿色蔬菜等
	维生素B3（尼克酸、烟酸、烟酰胺）	肉类、谷物、花生、酵母、鱼等
	维生素B5（泛酸）	蔬菜、蛋类、酵母、全谷等
	维生素B6（吡哆醇）	酵母、蛋黄、肉、鱼、乳制品、谷物、花生、大豆等
	维生素B12（氰钴胺素）	动物肝脏、肉类食物等
脂溶性维生素	维生素A（视黄醇）	动物肝脏、蔬菜（如胡萝卜、西兰花、红薯）、牛奶等
	维生素D（胆钙化醇）	鱼肝油、动物肝脏、蛋黄、牛奶等
	维生素E（D-α-生育酚）	植物油、坚果、鱼、绿叶蔬菜、全麦制品等
	维生素K（叶绿醌）	绿色蔬菜（如菠菜、甘蓝）、豆油、橄榄油等

资料来源：张钧、张蕴琨主编《运动营养学》

2.矿物质

矿物质也叫"无机盐"，属于无机物，在人体代谢和各种生理活动中发挥着重要的作用，同时参与合成糖原、蛋白质及脂肪。除去碳、氢、

氧、氮四种主要组成蛋白质、脂肪和碳水化合物的元素，自然界中存在的各种物质几乎都可以在人体中找到，大部分元素以无机化合物的形式发挥作用。表7-5列出了人体部分必需矿物质：

表 7-5   人体部分必需矿物质

人体必需宏量元素	人体必需微量元素	人体可能必需元素	具有潜在毒性，但低剂量时，人体可能必需的元素
钠、钾、钙、镁、氯、磷、硫等元素	铁、碘、锌、铜、钴、硒等元素	镍、钒、硅、硼、锰等元素	锡、汞、铅、氟等元素

资料来源：陈吉棣主编《运动营养学》

（三）水的补充

除了基础营养物和微量营养物，水也是一种不可或缺的营养物。水是人体的重要组成部分，人体40%—60%由水构成，肌肉中大约72%的物质是水；同时，水也是基础营养物发生各种生化反应的媒介。据《施瓦辛格健身全书》所描述，缺水会导致各种问题，如肾脏、肝脏功能失调，身体水肿，钠排泄失调造成水滞留，等等。所以，在健身锻炼中，水的补充应该是足量、及时的，每个人每天至少要补充2700克水，这些水是纯水，而不是果汁、咖啡、茶等溶液形式的水。

二、制订平衡膳食计划

如图7-1所示，我们参考、借鉴了图书《中国居民膳食指南（2016）》中的中国居民平衡膳食宝塔（Chinese Food Guide Pagoda），为正常成年人每天需要摄入的水、谷薯类、蔬菜、水果、肉类等各类食物及其数量提供了一定的参考。中国居民平衡膳食宝塔分为5层，主要包括谷薯类、蔬菜水果类、畜禽鱼蛋类、奶类、大豆和坚果类、食用盐油等。

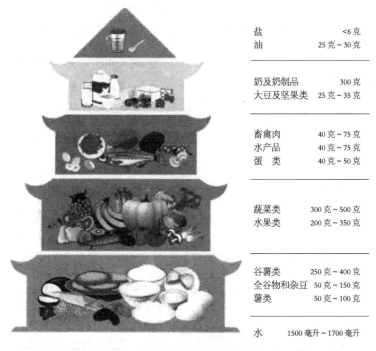

盐	<6克
油	25克~30克
奶及奶制品	300克
大豆及坚果类	25克~35克
畜禽肉	40克~75克
水产品	40克~75克
蛋　类	40克~50克
蔬菜类	300克~500克
水果类	200克~350克
谷薯类	250克~400克
全谷物和杂豆	50克~150克
薯类	50克~100克
水	1500毫升~1700毫升

图7-1　中国居民平衡膳食宝塔 [①]

中国居民平衡膳食宝塔中的各层食物究竟可以为人体提供什么营养素？这些营养素主要分布在哪些品种中呢？我们需要弄清楚这些问题，熟悉各食物种类的营养特点，这样才能保证所制订的膳食计划合理、科学。具体如表7-6所示：

---

① 引自中国营养学会. 中国居民膳食指南（2016版）［M］. 北京：人民卫生出版社，2017.

表 7-6 各种食物组提供的主要营养素

食物组	提供的主要营养素	主要品种
全谷物类	碳水化合物、蛋白质、膳食纤维、维生素B1、维生素B2、铁和必需脂肪酸	稻米、小麦、玉米、小米、大麦、青稞、高粱、薏米、燕麦、莜麦、荞麦、糜子等
薯类	碳水化合物、膳食纤维、钾	马铃薯、红薯、山药、芋头等
蔬菜类	β-胡萝卜素、叶酸、钙、钾、维生素C、膳食纤维	深色蔬菜如油菜、绿菜花、甘蓝等，浅色蔬菜如白萝卜、白菜等，淀粉类蔬菜如芋头，水生菌藻类蔬菜
水果类	维生素C、钾、镁、膳食纤维	仁果（苹果、梨等），核果（桃、杏、枣等），浆果（葡萄、草莓等），柑橘类（橙、柑橘、柚等），瓜果类（西瓜、哈密瓜等），热带和亚热带水果（香蕉、菠萝、芒果等）
畜禽水产品类	优质蛋白质、脂类、脂溶性维生素、维生素B6、维生素B12、硒等，鱼油含有DHA和EPA脂肪酸	常见的水产品，包括鱼、虾、蟹、贝类；常见的家畜如猪、牛、羊等；常见的家禽如鸡、鸭、鹅等
蛋类	优质蛋白质、脂类、磷脂、维生素和矿物质	鸡蛋、鸭蛋、鹅蛋、鹌鹑蛋等
奶及奶制品类	优质蛋白质、钙、B族维生素、益生菌（酸奶）	牛奶、酸奶、奶酪、奶粉等
豆及豆制品类	蛋白质、脂肪、维生素E、磷脂、大豆异黄酮	豆浆、豆腐、豆腐干、素鸡、豆皮、豆芽等
坚果类	脂肪和必需脂肪酸、蛋白质、维生素E、维生素B、矿物质	树坚果，如核桃、栗子、杏仁等；种子类，如花生、瓜子等
食用油类	脂肪和必需脂肪酸	各种植物油和动物油

资料来源：中国营养学会编《中国居民膳食指南（2016）》

第二节　热量的消耗

在日常生活中，人体主要通过三种途经来消耗热量，分别是基础代谢、身体活动及消化食物。此外，人在儿童期、妊娠期及哺乳期也会消耗一部分热量进行生长发育。在这些方面，只有身体活动消耗热量是可控的。成人每天所消耗热量的计算公式为：

成人每日需要的热量（千卡）＝基础代谢所需热量＋身体活动所需热量＋消化食物所需热量＝1.1×（人体基础代谢所需热量＋身体活动所需热量）

消化食物所消耗的热量约为人体总热量消耗的10%，这一部分的消耗是机体额外增加的热量消耗，计算公式为：

消化食物需要的热量（千卡）＝0.1×（人体基础代谢所需热量＋身体活动所需热量）。

一、基础代谢

在日常生活中，我们每天都在消耗热量，即使是坐着、躺着不动，我们的身体也需要有足够的热量来维持正常的基础代谢。基础代谢所消耗的热量占人体总消耗热量的60% — 70%，是人体热量消耗的主要部分。人体基础代谢所消耗的热量的简易算法为：

女性：基本热量（千卡）＝体重（kg）×4.5

男性：基本热量（千卡）＝体重（kg）×5

比较复杂的细分算式如表7-7所示：

表 7-7　人体基础代谢所需热量计算（千卡）

性别	年龄	计算公式
女性	18 — 30岁	14.6 × 体重（kg）+ 450
	31 — 60岁	8.6 × 体重（kg）+ 830
	60岁以上	10.4 × 体重（kg）+ 600
男性	18 — 30岁	15.2 × 体重（kg）+ 680
	31 — 60岁	11.5 × 体重（kg）+ 830
	60岁以上	13.4 × 体重（kg）+ 490

资料来源：https://wenku.baidu.com/view/64d2d28c16fc700aba68fc72.html.

二、身体活动

人体所完成的各种强度的日常活动和健身活动就是我们所说的"身体活动"，只有身体活动所消耗的热量是可以掌控的，是我们健身、减肥中最重要的因素。身体活动消耗的热量占总热量消耗的15% — 30%，大约为300千卡 — 700千卡。各种不同强度的身体活动到底会消耗多少热量？我们参考并引用了中国营养学会的《中国居民膳食指南（2016）》，如表7-8所示：

表 7-8　常见身体活动强度和能量消耗

活动项目		身体活动强度（MET） <3为低强度，3—6为中强度，7—9为高强度，10—11为极高强度		能量消耗量［kcal/（标准体重·10 min）］	
				男（66 kg）	女（56 kg）
家务活动	整理床、站立	低强度	2.0	22.0	18.7
	洗碗、熨烫衣物	低强度	2.3	25.3	21.5
	收拾餐桌、做饭或准备食物	低强度	2.5	27.5	23.3
	擦窗户	低强度	2.8	30.8	26.1
	手洗衣服	中强度	3.3	36.3	30.8
	扫地、扫院子、拖地板、吸尘	中强度	3.5	38.5	32.7
步行	慢速（3公里/小时）	低强度	2.5	27.5	23.3
	中速（5公里/小时）	中强度	3.5	38.5	32.7
	快速（5.5公里—6公里/小时）	中强度	4.0	44.0	37.3
	很快（7公里/小时）	中强度	4.5	49.5	42.0
	下楼	中强度	3.0	33.0	28.0
	上楼	高强度	8.0	88.0	74.7
	上下楼	中强度	4.5	49.5	42.0
跑步	走跑结合（慢跑成分不超过10 min）	中强度	6.0	66.0	56.0
	一般慢跑	高强度	7.0	77.0	65.3
	8公里/小时原地跑	高强度	8.0	88.0	74.7

续表

活动项目		身体活动强度（MET） <3为低强度，3—6为中强度，7—9为高强度，10—11为极高强度		能量消耗量［kcal/（标准体重·10 min）］	
				男（66 kg）	女（56 kg）
跑步	9公里/小时	极高强度	10.0	110.0	93.3
	跑着上楼	极高强度	15.0	165.0	140.0
骑自行车	12公里—16公里/小时	中强度	4.0	44.0	37.3
	16公里—19公里/小时	中强度	6.0	66.0	56.0
球类运动	保龄球	中强度	3.0	33.0	28.0
	高尔夫球	中强度	5.0	55.0	47.0
	篮球（一般）	中强度	6.0	66.0	56.0
	篮球（比赛）	高强度	7.0	77.0	65.3
	排球（一般）	中强度	3.0	33.0	28.0
	排球（比赛）	中强度	4.0	44.0	37.3
	乒乓球	中强度	4.0	44.0	37.3
	台球	低强度	2.5	27.5	23.3
	网球（一般）	中强度	5.0	55.0	46.7
	网球（双打）	中强度	6.0	66.0	56.0
	网球（单打）	高强度	8.0	88.0	74.7
	羽毛球（一般）	中强度	4.5	49.5	42.0
	羽毛球（比赛）	高强度	7.0	77.0	65.3
	足球（一般）	高强度	7.0	77.0	65.3
	足球（比赛）	极高强度	10.0	110.0	93.3

续表

活动项目		身体活动强度（MET） <3为低强度，3—6为中强度，7—9为高强度，10—11为极高强度		能量消耗量［kcal/（标准体重·10 min）］	
				男（66 kg）	女（56 kg）
跳绳	慢速	高强度	8.0	88.0	74.7
	中速	极高强度	10.0	110.0	93.3
	快速	极高强度	12.0	132.0	112.0
舞蹈	慢速	中强度	3.0	33.0	28.0
	中速	中强度	4.5	49.5	42.0
	快速	中强度	5.5	60.5	51.3
游泳	踩水（中等用力）	中强度	4.0	44.0	37.3
	爬泳（慢）、自由泳	高强度	8.0	88.0	74.7
	蛙泳（一般）	极高强度	10.0	110.0	93.3
	爬泳（快）、蝶泳	极高强度	11.0	121.0	102.7
其他活动	瑜伽	中强度	4.0	44.0	37.3
	单杠	中强度	5.0	55.0	46.7
	俯卧撑	中强度	4.5	49.5	42.0
	太极拳	中强度	3.5	38.5	32.7
	健身操（低或中强度）	中强度	5.0	55.0	46.7
	轮滑	高强度	7.0	77.0	65.3

注：1MET相当于每千克体重每小时消耗1kcal能量［1kcal/（kg·h）］。

三、每日的运动时间和运动强度

（一）运动时间

通过上表了解了人体在完成各种强度的日常活动和健身活动所消耗的热量后，我们需要了解每天运动多长时间、消耗多少热量才是对人体最有益的。我们的日常活动，包括家务活动、职业活动及交通活动，大约会消耗80千卡的热量；我们的健身活动至少应保持40分钟，大约相当于年轻女性快走6000步，消耗300千卡的热量。在健身活动中，有哪些运动项目在一定的时间内相当于消耗300千卡的热量呢？具体如表7-9所示：

表 7-9　每天运动一定时间消耗 300 千卡热量的项目

项目	运动时间（min）	项目	运动时间（min）
太极拳	40 — 60	瑜伽	40 — 60
快走或慢走	40	骑车	40
游泳	30	网球	30

资料来源：中国营养学会编《中国居民膳食指南（2016）》

（二）运动强度

运动强度主要指单位时间内运动对机体刺激的深浅，我们主要介绍三种判定、表达运动强度的方法，分别是采用强度单位代谢单量梅脱（MET）来划分运动强度、使用自我疲劳感觉运动强度量表，以及采用最大心率和最大吸氧量的百分比来表示。

1.代谢单量梅脱（MET）

代谢单量梅脱（MET）是国际上通用的表示运动强度的单位，一般用来表示身体活动的绝对强度。运动强度可以被划分为4个等级，分别是1.1 — 2.9MET的低活动强度、3 — 6MET的中活动强度、7 — 9MET的高活动强度、大于9MET的极高活动强度。具体划分如表7-10所示：

表 7-10　以代谢单量（MET）划分运动强度

代谢单量（MET）	运动强度	举例
1.1 — 2.9	低活动强度	简单的家务活动、慢速步行等
3 — 6	中活动强度	跳舞、快速步行、瑜伽、太极拳、一般隔网对抗性的球类项目等
7 — 9	高活动强度	慢跑，举重，对抗进行的篮球赛、网球赛，慢速跳绳等
>9	极高活动强度	快速跑步、跳绳、蛙泳、蝶泳等

资料来源：中国营养学会编《中国居民膳食指南（2016）》

2. 自我疲劳感觉运动强度量表

使用自我疲劳感觉运动强度量表来评估运动强度，将疲劳等级划分为0 — 10级，人体会有从轻松到疲劳的不同感觉：1 — 4级时机体感觉比较轻松，表示低活动强度；5 — 7级时机体稍微疲劳，表示中等活动强度；8 — 10级时机体感觉非常疲劳，表示高活动强度。具体划分如表7-11所示：

表 7-11　自我疲劳感觉运动强度量表

疲劳级别	运动强度	感觉
0	低活动强度	休息状态
1 — 2		很轻松、轻松

续表

疲劳级别	运动强度	感觉
3—4	低活动强度	较轻松
5—6	中活动强度	稍累
7—8	中高活动强度	累
9—10	高活动强度	很累

资料来源：中国营养学会编《中国居民膳食指南（2016）》

3. 最大心率和最大吸氧量的百分比

我们还可以采用最大心率和最大吸氧量的百分比来判断运动强度。最大心率的40%—60%为低活动强度；依次增加百分比，活动强度也逐渐增加。最大吸氧量也遵循同样的规律。具体划分如表7-12所示：

表 7-12　以最大心率和最大吸氧量的百分比判断运动强度

运动强度	相当于最大心率的百分比（%）	相当于最大吸氧量的百分比（VO_2max，%）
低活动强度	40—60	<40
中活动强度	60—70	40—60
高活动强度	71—85	60—75
极高活动强度	>85	>75

资料来源：中国营养学会编《中国居民膳食指南（2016）》

注：最大心率=220-年龄。

第三节　健身必备小常识

一、热量单位的换算

卡、卡路里、焦耳、千卡、大卡、千焦、兆焦都是比较常见的表示热量的单位。"卡"也称"卡路里",简写形式为"cal",表示在1大气压下将1克水提升1摄氏度所需要的热量。"千卡"的英文名称为"Kilocalorie",简写形式为"kcal",1000卡就是1千卡,也是1大卡。这些热量单位之间的换算为:

1卡=1卡路里=4.186焦耳

1千卡=1大卡=1000卡=1000卡路里=4186焦耳=4.186千焦=0.004186兆焦

二、健康体重

体重与身高的平方的比值是身体质量指数(Body Mass Index,简称BMI),可以作为评估健康体重的指标,计算公式为:BMI=体重(kg)/身高(m)×身高(m)。成年人的体质指数为18.5—23.9,具体分类如表7–13所示:

表 7–13　成人体重分类

分类	BMI
肥胖	BMI ≥ 28.0

续表

分类	BMI
超重	24.0 ≤ BMI<28.0
正常体重	18.5 ≤ BMI<24.0
体重过低	BMI<18.5

资料来源:《WS/T428-2013成人体重判定》

三、健康体脂

成年男性、女性的健康体脂由于生理功能不同而存在差异，其健康体脂如表7-14所示：

表 7-14　成年男性、女性健康体脂范围

性别	必需体脂	健康体脂
男性	3% — 8%	15% — 20%
女性	12% — 14%	25% — 30%

资料来源：Grodner M 等. 2016